U0060439

我們，去歐洲吧

WHAT MATTERS
IS DECIDING TO

GET ON.

4

前言

一年冬天，與家人參團旅行，在某個享用完晚餐、被遊覽車載回飯店的夜晚——「城市的夜裡，會是什麼模樣？」突然閃現腦海，於是我背起包包，獨自闖入人車雜沓、燈光閃爍的街頭。

帶著無以名之的興奮來到車站周邊的天橋，活躍的爵士音符正流轉於喧嚷街道。聆聽表演直到尾聲，我上前在樂團前方的黑色吉他袋裡放入幾枚硬幣。沒想到團員向我道謝後，我們竟展開了對話。當時，他們驚訝地說「妳是台灣人？所以我們有台灣粉絲了！酷！」，最後還在我的日記本裡留下簽名。

就這樣，那天的我開始好奇欲前行便前行，想停留便停留，能夠隨心所欲駐足聆聽演奏、入座餐館、停留任何一處的旅行，還會有什麼樣的相遇？而「自助旅行，甚至直接到某地生活一段日子」，也因此成了心願。恰好當時，交換學生的機會就在眼前，於是申請計畫，就此展開。

為何選擇歐洲？也許是電影——《愛在日落巴黎時》、《愛的萬物論》……，也可能是書籍——《歐遊情書》、《德勒斯登》、《帶媽媽去旅行》……，由電影場景、書頁文字所激起的好奇，讓我想親眼目睹令我憧憬的景色。此外，將我推向旅途的，還有另一個原因——畢業前，想真正去體驗曾經的我所定義的無限度自由——旅行。

疑問、好奇，釀成心願，經一年的籌備，總算完成種種申請細節。見為期半年的法國學生簽證，活生生印在護照裡的一頁，我笑了。其中一個原因，是因為滿足、感激，另一個原因，是因為簽證頁上的大頭照……完全呈現無神狀態（申請簽證面試的當天早晨，搭了六點多的高鐵，從台中直奔台北）。而領取簽證，直到出發期間，在我心頭盤旋的種種疑問與感受，又是另一層考驗。那時，我經常想「我，真的可以在法國好好生存嗎？」（我不會說法文）。出發前一晚甚至想像自己說不定在曼谷轉機時就對一切投降……。

然而，於夜間時分踏上飄著細雨的倫敦，我開始明白，解除下決心要做且不做會後悔的事所延伸出的

疑問，最直接的方法，就是真正地跨出去面對、摸索、學習。於是，為期 182 天的旅程，開始了。

半年的旅行路線如何安排？以倫敦為踏上歐洲國土的第一站，我的下一站，即是在交換城市——法國里爾，展開三個多月的學生生活。三個多月的時間裡，利用假日、學期中的兩週假期，分別走訪巴黎、阿姆斯特丹、北歐三國與華沙。在完成密集課程（交換學院有以一週密集課程、考試或報告，取得學分的修課方式）後，共六十四天的日子，繼續以布拉格為起點，流浪至地中海、伊比利半島……，再次入境倫敦。最後，則是被老媽領回家以前，與老媽、表姐同遊巴黎、南法及義大利。

在前幾趟旅行經驗中認識瑞安航空（Ryanair）、Flixbus 以 及超實用 app——GoEuro，我發現——在歐洲精打細算安排一趟旅程，沒有想像中困難。翻開地圖後，將欲前往的城市做上記號，以釐清每座城市間的距離，就可以進入各個網站（GoEuro, Ryanair, Flixbus），尋找航班與巴士了。

而就在某一次，買到 10 歐元（約台幣 350 元）即可自比利時布魯塞爾飛往波蘭華沙的機票後，我便上癮似地花了兩至三週的課餘時間，結合適合旅行之季節等元素，在網路汪洋裡撈起一班又一班廉價航空、低價巴士，搜出各地便宜、評分不算差且不需預付費用的住宿地點。甚至事先搜尋機場座椅的圖片，以確定是否適合夜宿（有時上癮的程度，是有一根法國麵包與藍莓果醬的陪伴，就可在房裡撈行程撈一整天）。就這樣，先前在地圖裡圈起的數座城市，隨精挑細選的各趟航班、巴士路線，連成了流浪計畫。

然而，到某座歐洲城市住上一段日子、走過 26 座城市與島嶼，是我所想像的新奇、浪漫、自由嗎？除此之外還有什麼收穫？這些疑問，在上路以後，才漸漸有了答案。此刻，無論你也嚮往旅行、正安排你的旅行藍圖、計畫前往歐洲交換、喜愛歐洲風景亦或是純粹剛好翻開了這本書，皆請容我邀請你，一起走入為期 182 天的旅途。

London,
United Kingdom

倫敦，英國

佇立大笨鐘與西敏寺前，觀賞大英帝國的高貴且典
雅；悠晃街頭，見如紳士帽的小巧黑色計程車與紅色
雙層巴士輪流穿梭街道；走入柯芬園，感受表演者的
賣力與真摯；踏入牛津街，體會令人心醉神迷的繽紛
絢爛……

「好好把握第一次」，一位朋友曾這麼跟我說。走
過西元年交替時懸燈結彩、下著灰濛細雨的倫敦，
我總算理解了這七個字詞所蘊藏的意義──一次又
一次的從零摸索、學習，儘管笨拙，也都成了於我
而言永久且無可比擬的回憶。

第一個微小成就感與第一次感受陌生人的善意

London

十二月倒數第二天，清晨四點，老爸的車上，只有車子在高速公路裡行駛與廣播電臺的聲音。將腦袋靠放在後坐椅墊，當時，我感覺到某種情緒……正在心頭蔓延、擴大。隨車身移動，情緒越漲越高，直到抵達機場，那情緒終於淹過了所有，甚至淹過了兩天前期盼著起飛的狂喜與興奮。原來，我還是捨不得了，雖然知道，其實半年後就回來了。

下車後，走進機場大廳，爸媽沒說太多，就讓我去完成起飛前的手續。順利將行李送上輸送帶後，我深吸一口氣（那口氣，全是為了《一ㄥ住隨時都可以掉下來的眼淚），準備在起飛前，跟爸媽再見一面。

再見面時，老媽塞了兩顆麵包給我，擁抱之後，我的雙腳便正式朝登機口出發了。那一路……努力《一ㄥ住的淚水，終究在步伐間毫無保留的傾瀉。口罩幾乎成了一座蓄水池。直到這天，我才明白——面對暫時的離別，比下決心出發還難。

一個人起飛、轉機，十七個小時多以後，機上螢幕的飛行畫面終於進入倫敦上空。拉著二十三公斤的行李，於夜間時分踏入飄著小雨的倫敦——第一個微小成就感，就在浪漫場景中萌芽。

然而，就在我走出地鐵站，發現前往巴士站牌，必須先爬上約兩層樓高的階梯時，不安感又再次將我包圍……。盯著二十三公斤的行李箱，雖然荒唐，但我決定……硬著頭皮試一試。結果，不出所料，我很快很快……大概只走到第三階，就跌在混有雨水與泥土的階梯上。「想家了……」，那一刻的困窘，讓我在心裡默念。

正想著該如何開口向他人尋求協助時，自他國來到倫敦就業的商務女士轉身對我說「Do you need help?」，於是，我幸運地得救了！第一次感受陌生人的善意，竟來得這般突然。四名女士彷彿天使，陪我將行李扛上階梯，領我至複雜的公車站牌，最後說了句「Happy new year, enjoy!」才離開。那時，我的心頭滿是感謝——感謝不熟悉的地方，確實存在著人情與溫暖。

停步時，感受難以形容的「輕」……

在倫敦的第一個早晨，濕漉漉的霧氣，籠罩街頭。一出旅舍，鑽進跨年日一早就擠滿人潮的地鐵站，——地下道、月台、車廂，只要有人潮的地方，幾乎都竄流著一股欣喜氛圍。

離開不停灌入冷風的地鐵車廂，步上階梯，我深吸幾口攝氏 5 度的空氣，就為了在不真實感中——「確認自己真的踏在倫敦的土地上」。因為此時此刻，大笨鐘（Big Ben）就在我眼前！而除了大笨鐘就在眼前這個事實之外，更令我興奮……是在手機沒有網路功能的情況下，我居然真的成功把自己帶來這了。

瞻仰高 96 公尺的大笨鐘時，我思索著大笨鐘為何如此迷人？於是，我開始在腦海中想像「各種色彩」的大笨鐘……。突然，我發覺，除了建築本身的哥德復興式風格與設計，大笨鐘所採用的色彩，

也正是它迷住我的原因。即使在灰濛天色下，其色彩依然使其十足體現大英帝國的高貴且典雅。

走上 Broad Sanctuary 街，如紳士帽的小巧黑色計程車與醒目紅色雙層巴士輪流穿梭街道，小朋友發光的雙眸、綻開的笑容以及人們不畏低溫——輕快如流動音符般——的步伐躍然、出現街頭。無需刻意感受，歡愉的空氣分子已悄然包圍我的感官。

在歡愉氛圍的伴隨下，路經國會廣場（Parliament Square），我接著來到於 1987 年被列入世界文化遺產的西敏寺（Westminster Abbey）。

西敏寺，最初建造歷史可回溯至遙遠的 11 世紀；哥德式風格外觀，則大多可追溯至英國國王亨利三世與理查三世在位時期（13 至 16 世紀初）的修建與擴建工程。今日，除了作為英國君主舉行婚禮、登基、安葬之地

點，西敏寺同時也是三千多位英國將軍、文學家、音樂家、科學家、政治家與貴族的安息地。

走訪兩座著名建築後，隨紅色電話亭的身影，我接著來到林蔭路（The Mall）與河岸街（Strand）交匯的倫敦中心點。進入騎樓後，由於尚未確定下一站該到哪去，盯著拱門外的毛毛細雨，我開始陷入看似若有所思，實則在發呆的狀態。

在有餘裕好好「出神」的一刻，我感覺到難以形容的「輕」——一場倫敦細雨，彷彿悄悄洗去了出發前，塞在我心頭的各種擔憂與不安。

或許化解種種不安的方法，就是讓自己真正地跨出去。跨出去面對、摸索、學習，下一次，也許就能充滿信心——甚至想念此時的懵懂——了。

Lille,
France

里爾，法國

里爾——法國第四
大城市。冬日有偶
然的小雪，春天有
嫩綠色彩襯上法國
孟莎式屋頂，也是
我將待上幾個月的
地方。

結束在倫敦跨年的旅程，飛越英吉利海峽上空，我在傍晚五點多抵達里爾。由於必須趕在六點前至宿舍承辦處領取鑰匙，一領到行李，我便帶著些許不安，一人坐上計程車，朝市中心移動。途中，我拿起手機，對接音孔說——「到里爾了，對啊。要去拿鑰匙……」，然而電話的另一端，其實根本沒有人。我的手機從入境倫敦後，就只剩下拍照跟聽音樂的功能了（除非有 wifi），自導自演地講了兩分鐘的電話……全只是擔心自己被載往其他地方。

結果，一切都是自己想太多。就在車子跳錶到 28 歐元的十分鐘後（除了倫敦飛至里爾的機票，這是在歐洲的日子裡最奢侈的一次移動），我在關門前十分鐘——17:50，順利地抵達宿舍承辦處。

當下，眼看四周無人，我只好自己花了快五分鐘的時間，將行李扛上位在三樓的辦公室，然後花不到五分鐘的時間領走鑰匙，再把行李一階一階地運回一樓。當時的我，就像個傻瓜，對一切事物，只有生疏也只能笨拙地反應。

依指示搭乘公車至距離宿舍地址最近的一站，下車後——我完全不知道自己在哪！完全……。不知道幾天前的自己，哪來這股勇氣，相信抵達里爾後，我自然就能找到宿舍（出發前，居然只查了倫敦的景點地圖）。

2°C 的氣溫下，我繼續像個傻瓜，拉著行李默默走進唯一見過的招牌——麥當勞。看著人潮進

進出出，外帶薯條、漢堡離開，我終於鼓起勇氣，向一名女子詢問能否讓我用她的手機查詢宿舍位置。於是女子打開地圖，大略向我說明路線（但我有聽半懂）。後來，拉著行李出大門，走了大約十步，連個彎都還沒轉，我就回頭了……因為怕自己待會連麥當勞都走不回來。那時，我認真開始懷疑自己——今晚到底有沒有辦法睡覺了……

在店裡又站了五分鐘，我再次向另外兩名女孩問了相同問題。這次，順利拍下她們手機裡的地圖後，原打算要鼓起勇氣出發了，沒想到此日再次遇見天使，兩名女孩也許是看穿了我的不安，說「妳可以嗎？還是我們一起去吧」——就這樣，我得救了。女孩領我走了近七分鐘的路程，看著我推開宿舍大門，才離開巷子。對於這一切，真的只有道不盡的感謝。

一進宿舍，一名正在廚房裡準備晚餐的英國女孩，一見我將大行李運入屋裡，便主動陪我將行李扛上位在四樓的房間，甚至將吹風機借給我。這一路上，真不知自己哪來這些好運，

直到進入房間，在沒有床單的單人床上以大字形躺下——我感受到滿滿的安全感以及微小成就感。終於，又

完成一次移動！

為了整理房間，搜尋到距離宿舍最近的家樂福後，我便出發去買抹布。一路上，我的腦海裡不停浮現「現在走在路上的這個人，真的是我自己嗎？」、「真的抵達將待上幾個月的里爾了嗎？」等問句。一切的一切，好不真實。

抵達家樂福以後，繞了超市一整圈，真是興奮——牛奶、起司、長棍麵包、玉米脆片……，全是我喜歡的食物！但就是沒看見抹布。

向站在櫃檯的店員詢問是否有抹布或毛巾後，他跟我一樣——繞了一圈，而當他停下腳步時，手上拎著的竟是小朋友吃飯用的圍兜兜。我笑了，他說「這個可以嗎？我們沒有抹布跟毛巾。」「嗯…沒關係，是要擦地板用的。」，然後——他也笑了，白牙襯上黝黑皮膚以及爽朗的咧嘴笑，真是可愛。

最後，拎著食物，我走回到街頭，雖然沒買到抹布，心情卻莫名愉快……與店員的互動、店員的咧嘴笑，都讓我非常確定——我真的抵達里爾了。

17

回到宿舍後，我在走廊上遇見住在對面房間的阿根廷女孩 Sofi。剛見到她時，我的心情有點緊張，擔心不知該說些什麼。而漂亮、大方的 Sofi 則先是給了我一個阿根廷式的問候（臉頰碰臉頰與輕輕的 kiss）化解尷尬，然後展開對話。對話中，發現我們在同個學院交換，於是我們約好隔日一早一起出門。

回到房裡，尚未適應時差的我，倒頭就睡了十個小時。

早晨來臨，敲了敲 Sofi 的門，不知學校會是什麼模樣的我，一見她的笑容，突然覺得好安心。天色全黑，二十五分鐘的路途裡，我們從國家、家鄉氣候、家人、年紀、主修聊到足球跟梅西（Messi）。就在進入學院門內——大概是我第一次跟這麼多來自不同國家的人擠在同個空間裡。大方的 Sofi 開始尋找同鄉的朋友，而我……像隻木雞，站在角落一隅，不知該從何開始這一切。

開學儀式結束後，社交活動密集地展開，在我的印象中，那根本是在考驗記憶力的一天。「嗨，你叫什麼名字？」、「你來自哪裡呢？」——要牢牢記住這兩個問句所得到的所有答案，就足以把我考倒（整個學院的交換生至少也有一百人）。聽完名字之後，我通常在三分鐘內——就忘了。於是，第二次遇見同個人的時候，就會出現兩個人因想不起對方的名字而相視傻笑的窘境——「噢，抱歉，我問過了……，但……你叫什麼名字呢？」，雖然總會有點不好意思，卻也能互相理解。

生活漸漸安頓下來後，對宿舍朋友的臉孔也漸漸熟悉。而與我住在同個屋簷下的人口，就涵蓋了來自五個大洲的人（歐洲、亞洲、非洲、北美洲、南美洲）。記憶裡，熱情、親切的阿根廷人總會圍成圈一起彈吉他、唱歌；神秘的印度人總喜歡揪團煮晚餐，只要聞到濃濃的香料氣味，就知道是他們在廚房裡；加拿大人參加派對時，常會準備加入水果片的紅酒；而法國人則各有氣質，共同點大概是看起來都十分成熟。

認識 Sofi 不久後，在走廊上，我也遇見了來自香港的 S 與來自深圳的 Y，S 的性格可愛、浪漫，Y 則有著成熟、可靠的氣質。我們三個人，都不算十分積極於社交，也同樣有著可以在房裡連續窩上兩、三天的習性，但一聚在一塊，總能唧唧喳喳聊個不停。

住在我隔壁房的,是來自阿根廷,會說法語但不會說英語的男孩 M。聽過幾次從他房裡傳來的音樂後,終於某一次,我在走廊裡遇見他(他的眼睛好大好圓)。那時,我們同樣以阿根廷問候方式打招呼,結果我一不小心,嘴巴輕碰到他的臉頰,當下真是尷尬得想挖洞躲起來。幸好 M 沒有誤會,後來在宿舍裡遇見,我們總是可以一人說法文或者西班牙文,一人說英文摻雜中文,進行神奇的溝通。

而另一位房裡常傳出吉他聲的是一名講話風趣的印度男孩 J。第一次對話時,我說「你來自印度,對嗎?」「不,你猜錯了,我來自墨西哥」,我疑惑地看著他,而他狡猾地笑了笑,便輕快地說「開玩笑啦,我是印度人」。後來,一次我發現他剪了頭髮,他先是問「我帥嗎?」,又接著說他還是喜歡他又捲又長的頭髮,「之前的髮型在印度可是非常夯的呢」。真是個無時無刻都令人感到輕鬆、逗趣的人。

而若要說在里爾待上三個月的日子,「熟悉」宿舍裡的各洲朋友,其實也許說不上。在宿舍階梯、走廊、廚房遇見的時候,我們大多是簡短的問好、偶爾聊聊旅行、分享旅行撇步。但即便如此,幾個月內,能夠因相似原因來到同個屋簷下,說上幾句話、分享家鄉料理、成為彼此回憶裡的一部分,於我而言,已足矣。

Paris,
France

巴黎，法國

隨日光照射角度呈現各種畫面的環形大道、遠望壯觀；近觀微妙的鐵塔、討人喜愛的孟莎式屋頂、美術館裡浩繁的藝術展品、潛藏細枝末節的點綴、蒙馬特高地上的市景與日落……巴黎，著實為一座處處可激起種種浪漫聯想的城市。

然而，一體兩面中紛亂的一面，也是巴黎給予旅人的其中體驗……若遇見了，就像法國人那樣——踏著黑靴，繼續昂首漫步、感受巴黎吧。

走訪巴黎的一天，我與同時也造訪巴黎的兩位朋友（S 與 Y）相約去了趟蒙馬特高地（Montmartre）。蒙馬特高地高 130 公尺，位在巴黎 18 區，除了是建築風格兼具羅馬式與拜占庭式的聖心堂（Sacré-Cœur）所在地，同時也曾是眾多 19 世紀藝術家——法國印象派畫家卡米耶•畢沙羅、克勞德•莫內、艾德加•寶加、荷蘭後印象派畫家文森•梵谷、現代主義代表巴勃羅•畢卡索、義大利表現主義畫家阿梅代奧•莫迪里亞尼……——舉行藝術創作、活動之地。如今，因藝術家足跡而成為旅人造訪之地的著名地點，則有小丘廣場（Place du Tertre）、狡兔酒吧（Lapin Agile）。

當天傍晚，氣溫大約只有攝氏兩度，入座在 S 與 Y 身旁後，一名手舉著啤酒的男子向我們問起「你們來自哪裡？」，與定居在巴黎的男子閒聊幾句以後，我們才得知，巴黎人的日常休閒之一，原來也包括前往蒙馬特高地觀賞巴黎日落。

無論是追隨藝術家的蹤跡，或是瞭望巴黎市景之上的餘暉，前往蒙馬特高第，總能找著浪漫、唯美的理由。

當天的夕陽，沒有濃烈的彩霞，而是有些催眠——令人感覺微醺——的柔軟色調。視線下移至市景，我的視野由最近的屋頂一點一點地外推至遠處。戶戶窗內燈火相繼被點燃，巷道間的路燈同時亮了起來，所有光點，皆在宣告——夜幕降臨囉。湊合著景色、音樂藝人的木吉他伴奏演唱、人潮的笑聲以及交談聲，某種形式——源於周圍人、事、物——的暖流似乎就流轉在身旁。在我記憶裡的向晚蒙馬特高地，儼然一座……足以隔絕低溫的無形溫室。

沿下坡路徑前往地鐵站，我們一路品嚐又香又濃的可麗餅。此日，也就在溫暖卻不過於喧嚷的夜，畫下句點。

感受羅丹大膽釋放的細膩情感

黎明光束，穿透艾菲爾鐵塔

為瞧見一月底黎明時分的巴黎，七點多鬧鈴一響，我便拉上厚襪，披好大衣，裹上圍巾，跳下床，動身闖入巴黎的清晨街頭。推開旅舍大門——灰黑色的鳥群，整齊有序飛過夢境般的紫粉色天空。至今，我仍記得那一幕。破曉前的巴黎，好美。

乘著近郊國鐵前往巴黎七區，出車廂後，我拖著幾乎沒知覺的雙腳來到艾菲爾鐵塔下方。黎明殘月悄然沈睡鐵塔頂端，日出光芒穿透鐵塔間隙，灑落人與景物之上。再睞眼一看，鐵塔下方纖細、瘦長的人影，就好像刻意拉長身形比例，呈現獨特風格的畫中人物。

等候近四十分鐘，總算，我也自寒風中擠入登艾菲爾鐵塔的電梯。隨電梯垂直上升，視線裡的景物漸漸變得細小而廣大。抵達 276 公尺的高度，我順著塞納河曲線，眺望巴黎——戰神廣場（Champ de Mars）、夏樂宮（Palais de Chaillot）、更遠處的聖心堂（Sacré-Cœur）都映入眼簾了。

《沈思者》（Le Penseur）隱身在幾株被修剪成錐形的樹木中央，托著唇，陷入沈思。

離開鐵塔，路經枯枝散佈的戰神廣場（Champ-de-Mars）與榮軍院（Les Invalides）。下一站，我來到羅丹美術館（Musée Rodin）。奧古斯特•羅丹（Auguste Rodin）是一名法國十九世紀極具影響力的雕

塑家。其早期創作風格，因曾遊歷義大利而深受米開朗基羅啟發。後來，透過微妙運用光影，羅丹發展出具強烈情緒張力及生命力的個人風格。

參觀起點，我首先走入展示繪畫作品的展間。凝視一幅又一幅以鉛筆、墨筆、水彩勾勒的草圖、畫作。當時，草圖與畫作所帶給我的感受既是概略又是急促。直到當年年底，欣賞電影《羅丹：上帝之手》（Rodin）時，我才於無意間明白當時之所以有那般感受的原因。電影中，羅丹在描繪模特兒體態時曾說「如果我垂下目光一段時間，連結便會斷了」、「我的手必須同時感受眼睛所見」。畫作裡看似概略的描摹，原來，皆源於羅丹所追求的是「於瞬間裡，留下真實」。細察急促之間，線條更由此延伸了準確、俐落的流暢感。

原來，在旅途中，一切事物都值得盡可能去感受，即使是當下無法立即理解的，在未來，說不定就找到或遇見了解答。

進入裝潢高雅的展間，接著，我展開了雕塑作品的參觀。體態受拘束的《亞當》（Adam）、姿態含羞的《夏娃》（Eve）、描繪但丁詩歌《神曲》

中人物的《吻》（Le Baiser）以及以卡蜜兒•克勞德之頭像與皮埃爾•德•維桑之左手構成的組合雕塑……——出於羅丹之手的作品，各自釋放著強烈的生命力，展現情緒張力。羅丹，令人敬畏。

在羅丹美術館中，除了羅丹的創作，還有間展廳，專展出卡蜜兒•克勞德（Camille Claudel）的作品。卡蜜兒•克勞德是一位年紀小羅丹二十四歲的女雕塑家，曾是羅丹的學徒，因擁有出眾才華與創作想法，不僅成為羅丹的創作夥伴，同時，也與羅丹發展出一段熾熱戀情。藝術才華，成就了彼此，然而，藝術上的競爭以及羅丹始終不願與卡蜜兒正式結為夫妻，這場愛戀，最終以悲劇作結。走入專展卡蜜兒•克勞德作品的展間，近看置於展間中央的作品《成年》（L'Age mûr），即可感受卡蜜兒因歷經情感轉折，而於細膩手法間所傾瀉的憂傷。

踏著石子路，離開靜謐的府邸花園。走訪羅丹美術館的回憶，於我而言既是拜訪了兩位卓絕雕塑家，也像是透過藝術，旁觀了一場深刻、悲傷的愛戀故事。

轉悠浩繁羅浮宮，遇見細微精巧至碩大絕倫的珍寶

　　日光穿透金字塔的早晨，我的腳步也來到了壯麗、輝煌的宮殿——羅浮宮（Musée du Louvre）。建築歷史可回溯至十二世紀末的羅浮宮，在歷史上曾作為防禦性城堡、監獄以及存放王室瑰寶、兵器之地。十四世紀時，法國國王查理五世遷入羅浮宮後，羅浮宮便開始斷續作為法國王宮。現今，羅浮宮已為一座擁有 3.5 萬件展品的博物館。

　　羅浮宮著名三寶，分別是達文西所繪的《蒙娜麗莎的微笑》（La Joconde）、在愛琴海北部薩莫色雷斯島（Samothrace）上被發現的《勝利女神像》（Nike of Samothrace）以及於希臘米洛斯島中被發現的《米洛的維納斯》雕像（Venus de Milo）。然而名聞遐邇的三寶之外，羅浮

宮其實還收藏了無數的寶藏。轉悠數量龐大的展品間，我總想，若是在羅浮宮裡特別記住了某件展品，都是一次緣份。因為羅浮宮太大太大了。

此日的參觀起點，我首先遇見來自古埃及的古老錢幣、源於伊朗蘇薩（Iran, Suse）的精巧器皿以及在玻璃櫃中透著輕盈光澤的羅馬玻璃器皿。羅馬玻璃器皿，於眾多展物中雖顯小巧，卻以其剔透的色彩——橄欖綠、清澈水藍、神秘鈷藍色——勾起我對於公元 2 至 3 世紀文明的好奇。

走入繪畫展廳，一名小男孩正席地坐在法國浪漫主義畫家歐仁•德拉克羅瓦（Eugène Delacroix）所繪的《自由領導人民》（La Liberté guidant le people）前。看他靜靜聆聽耳機導覽解說的模樣，我猜想，或許他正以解說結合著眼前戰火、煙霧瀰漫的畫作，於腦海中組織法國七月革命時的情境呢。就在那時，我才發覺，將歷史以藝術形式傳承予後代，也是藝術之所以美且重要的其中原因。

離開浩大宮殿以前，最後一站，我來到義大利雕塑展廳。跨入展廳前，拱門之後的雕像已強而有力震撼我的視覺。由角落走入展間中央，我的目光毫不猶豫地定格在 2.15 公尺高，試圖擺脫綑綁、軀幹扭曲的大理石雕像——《被束縛的奴隸》（The Rebellious Slave）上。那時的我，僅僅是盯著雕像的趾頭⋯⋯都覺得好震憾。逼真的肌肉線條、巨大卻優美的氣勢，讓我深深領悟了人們讚佩米開朗基羅的原由。

走過羅浮宮，在美術館裡佇足觀賞的、走馬看花遇見的文物、展品，都使羅浮宮在我心中，成為須以浩大來形容的宇宙。走入其中，欲穿梭回到各個世紀、遙想悠遠歷史事件的情境、與創造文物者進行一場不同時空的對談，都成為了可能。

體驗城市裡的一體兩面

走訪西堤島

　巴黎市區塞納河中的天然河島共有兩座，其中一座是以法王路易九世命名的聖路易島（Île Saint-Louis），另一座則為有著幾座著名景點的西堤島（Île de la Cité）。

　抵達西堤島當日，我首先前往的島上景點，是曾用於關押罪犯與政治犯的巴黎古監獄（La Conciergerie）。在法國大革命時期，由於許多囚犯從古監獄被送往斷頭台，因此古監獄有著「斷頭台前廳」一名。在氛圍肅靜而沈重的空間裡沒待上太長時間，下一站，我接著前往位在不遠處——於七百多年前，因路易九世狂熱於宗教、信仰而建造的教堂——聖禮拜堂（La Sainte-Chapelle）。

　古監獄與聖禮拜堂的建築內部，同樣採用十字拱頂，由前者走往後者，卻彷彿由暗處走入神聖之地。登上聖禮拜堂上層，不論站在何處，十五面以粉色、紫色、靛色等碎花以及傳述耶穌故事之圖樣所妝點的彩繪玻璃，總以絢爛色彩與神聖氛圍將人們包圍。

　離開聖禮拜堂的傍晚，戴上耳機，我沿著塞納河漫無目地前行。就在我哼起旋律時，四、五名男女突然向我圍了上來，將紙板塞往我的面前並要我在紙上簽名。由於曾耳聞這是詐取錢財的手法，摘下耳機，我便頭也不回地繼續前行。猶豫著是否該拔腿奔跑時，其中一名男子竟然追了上來，作勢要奪走我的背包。幸好不久後，一對情侶朝我的方向走來，男子也總算停下了腳步。

　迷人的城市，怎麼就由此般情節複雜化了呢？在紛亂的情緒裡，我思索著。或許，這插曲也只是巴黎的其中一種面貌吧。試著不讓心情受影響，一段路途後，我仍舊戴上耳機，挑選旋律，伴隨徒步塞納河畔的時光。感覺不對境時，就學學巴黎人，高調踩著靴子，盡可能讓自己看起來幹練精明而淡然。

　有了此次體驗，對於旅行，我也有了些新想法——走入一座城市前，就拋下既有的想像，準備好空白的自己，去體驗城市的真實樣貌吧。畢竟走上旅途，不也是為了親自認識一個地方嗎？說不定，適應城市、因應城市調和自己的過程，也會成為一次有趣體驗喔。

Amsterdam,
The Netherlands

阿姆斯特丹，荷蘭

阿姆斯特丹，開放、自由且現代。白天至傍晚，自行車穿梭街道、巷
陌間；黑夜至晨曦，大麻氣味陣陣潛入鼻息。山形牆屋宇、纏繞燈泡
串的枝條、精心呈現作品的攝像館、以溫馨燈具妝點的溜冰場⋯⋯—
—處處總能見阿姆斯特丹將藝術融入生活裡的蹤跡。

半睡半醒地向北移動，車子行經荷蘭第二、第三大城——鹿特丹（Rotterdam）、海牙（Den Haag），終於抵達阿姆斯特丹中央車站。乘上火車前往市中心，此日，我與旅伴 W 的第一站，是擁有幾座重要歷史建築的水壩廣場（de Dam）。

抵達廣場，為了讓只睡了三個鐘頭的自己提神——補充點咖啡因，也為暖氣，我們入坐位在新教堂（Nieuwe Kerk）旁的轉角咖啡店。坐上高腳椅，觀覽玻璃窗外曾為 17 世紀市政廳、具古典風格的王宮（Koninklijk Paleis Amsterdam）、屬哥德式風格的新教堂及廣場各處，其中，最引我好奇的是有條不紊排列於廣場中的自行車。據統計，在 2013 年，阿姆斯特丹市內的自行車數量高達 120 萬，早已遠遠超過約 80 萬的市民人數——市容，已解釋此城為何總名列前茅於「廣用自行車」的城市排行。

回到街頭，買了杯朋友推薦的甜筒式包裝炸薯條（Manneken Pis Fries），我在低溫裡，將淋有荷蘭美乃滋醬、口感扎實、燙口的薯條送入口中，再看著熱氣從嘴裡緩緩呼出——當時，味覺與視覺的享受，就這麼一次滿足。

繞往運河區域，陽光自東邊為褐色、咖啡色、灰黑色的房屋灑上日光色調。而我，在觀覽各種各樣——尖式、頸式、階梯式到華麗花鐘式——的山形牆時，也同時分散了對低溫的注意力。除了獨特山形牆，走在河邊巷道，自然也少不了廣用自行車城市中才有的體驗——在巷道裡，無論有意或者無心擋住自行車騎士的路徑，接踵而來的便是毫不留情的「叮——叮——」聲教訓。體驗過一次，我已深刻體悟——誰才是阿姆斯特丹道路裡的老大。

走進 Leliegracht 街道，以玻璃櫥窗及墨綠色細長大門作為門面的 Architectura & Natura（書店）將我們引入店內。書店裡，自天花板垂掛的吊燈點亮一樓空間，二樓中央的掏空設計則為空間添增視覺上的寬敞感受。整個書店裡，則安靜得能夠聽見前台店員整理物品的細聲。走出書店外，好奇，又開始在我腦海裡亂竄。不知阿姆斯特丹一棟挨著一棟的山形牆房屋裡，還藏著什麼等待被發掘呢？

徜徉運河帶，遇見內斂、輕盈、優美……——種種可能

走入阿姆斯特丹，人們總不忘提及的還有總長超過100公里的運河，其中，同心半環形的四條運河 ——辛厄爾運河（Singel）、紳士運河（Herengracht）、皇帝運河（Keizersgracht）、王子運河（Prinsengracht）——所組成的區域，正是阿姆斯特丹重要的住宅、商業區，也被統稱為運河帶。

　　某天傍晚，我和 W 在位於王子運河邊的荷蘭煎餅店—— PANCAKES Amsterdam Negen Straatjes，分別品嚐以西洋梨佐藍莓醬以及香草冰淇淋為配料的煎餅，回到巷道後，夜色已開始醞釀。

　　當時，順著街道，我們相繼走過畫廊、咖啡廳、風格獨特的服飾店、皮革店鋪、書店……，一間又一間令人賞心悅目的店鋪，使我不禁覺得——能夠在這裏生活，根本是活在藝術之中……，處處充滿藝術氣息。

　　商店之外，懸掛於房屋間的小燈泡，使我想起懸燈結彩時的牛津街。憑著腦海中的印象對比了一下。牛津街，華美而繽紛；阿姆斯特丹運河巷道，則相對內斂、輕盈。然而我們所遇見的，只是阿姆斯特丹水流邊與橋樑間的部分樣貌，在此座由 90 座島嶼所組成的城市裡，肯定還充滿種種可能性……

充斥笑聲的博物館廣場

大概……是大麻起作用了吧？

　由風車村回到阿姆斯特丹市中心，W提議去一趟博物館廣場。下電車後，越過草坪，阿姆斯特丹市立博物館（Stedelijk Museum Amsterdam）的側翼線條展現著現代與前衛的建築風格；梵谷博物館（Van Gogh Museum）的半圓造型體現著獨特的設計巧思；「I Amsterdam Sign」紅、白色大字母前則聚集著等待與字母合影的人潮。然而，廣場中最是引我注意的，是後方傳來的歡笑聲。

　轉過身，大字母前方溜冰場上盡是形影不離的情侶、放手讓孩子獨自體驗溜冰，在後方笑著的父母以及倚著滾輪椅子（椅腳附有滾輪）緩緩前行的孩子。溜冰場外圍，則以超有居家感的燈飾點綴。整個溜冰場，除了歡樂，便是滿滿溫馨。

　當時，看著小朋友，我想起大一剛加入直排輪社團的自己。當時的我，不過是「走」一圈溜冰場……就可以足足摔個五跤，但那時，我居然沒想過也能以安全的方式，「邊做邊學」。

　讓孩子自幼即懂得「Learning by doing——邊摸索邊學習」，是我在此城旅途中，因頓悟、反思而尤其深刻的一件事。

　而當天，恰好是農曆年除夕，乘上電車，我與 W 打算前往 The pantry（傳統荷蘭菜餐館）用餐。一入內，裏頭以復古風格、荷蘭傳統 Delf 瓷磚裝飾的壁面及暖色燈光，稍稍緩和兩人圍爐吃年夜飯的鄉愁。W 點了份咖哩牛肉佐馬鈴薯泥套餐，我點了甘藍燉肉球佐煙燻香腸。從店內氣氛、餐點份量至口感，此頓年夜飯，算是心滿意足。

　走出餐館後，街頭裡陣陣撲鼻的大麻氣味混合著紅酒副作用，我挺著十一分飽的肚子，恍恍惚惚回到了旅舍。

　由於隔日正午，就要離開荷蘭，趁著還有點精神（不至於寫錯郵遞區號），我窩在旅舍的公共空間裡填寫明信片的收件地址。寫著寫，並肩坐在沙發椅上的情侶，突然發出一陣……有趣的笑聲，看了一眼，我繼續回神核對郵遞區號。然而隔沒多久，他們又笑了——除了笑聲逗趣之外，整個畫面更是有趣。他們兩眼相視，沒有任何對話，整整一分鐘，就看著彼此不停地笑、不停傻笑……。看著看，我也笑了，約莫……是大麻起作用了吧？

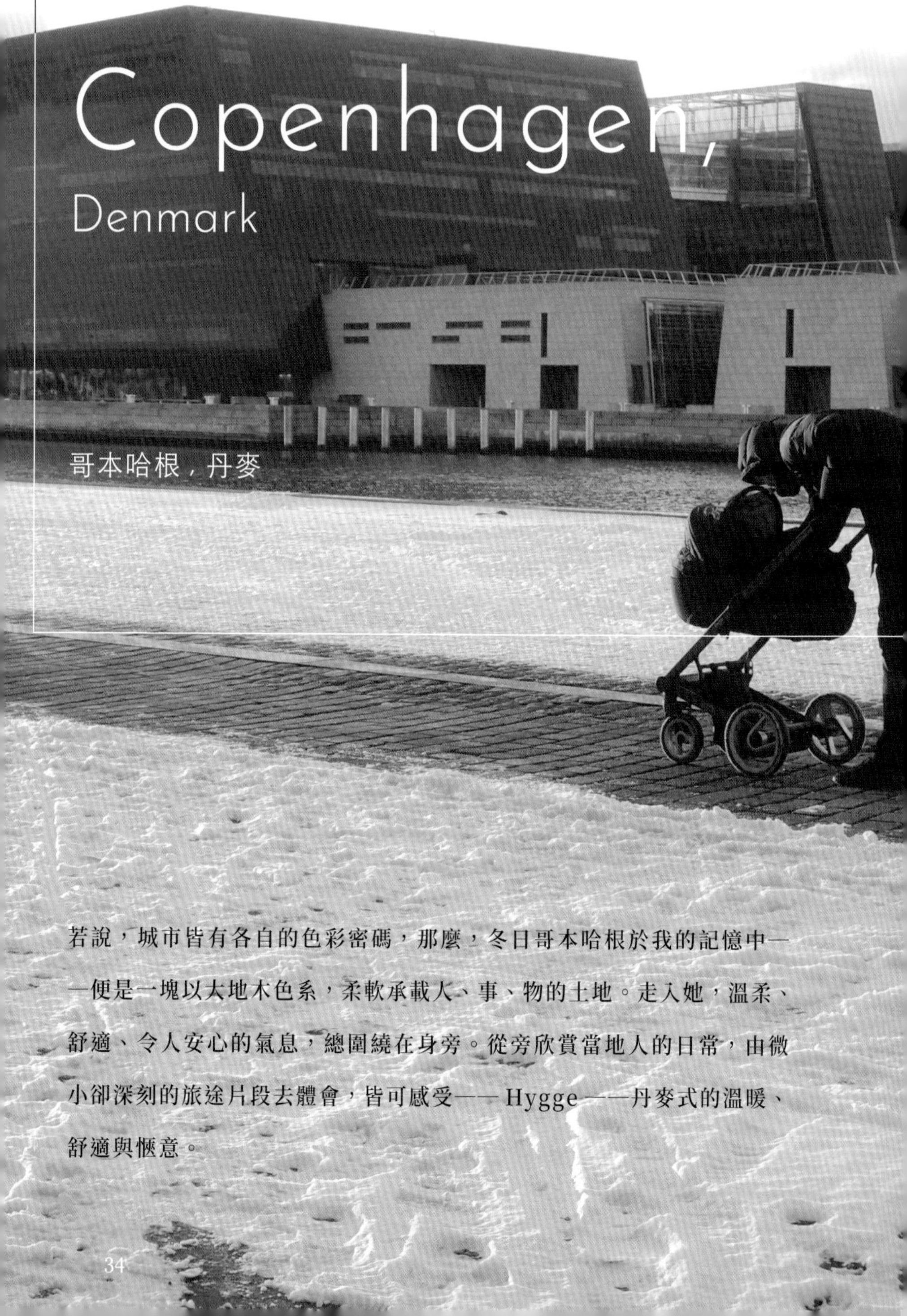

Copenhagen,
Denmark

哥本哈根，丹麥

若說，城市皆有各自的色彩密碼，那麼，冬日哥本哈根於我的記憶中——便是一塊以大地木色系，柔軟承載人、事、物的土地。走入她，溫柔、舒適、令人安心的氣息，總圍繞在身旁。從旁欣賞當地人的日常，由微小卻深刻的旅途片段去體會，皆可感受—— Hygge ——丹麥式的溫暖、舒適與愜意。

凌晨一點多，公車將我們從里爾運往巴黎戴高樂機場，趁著二月為期約兩週的寒假，我與 S 打算從巴黎飛往北歐。此趟旅途，是我們第一次夜宿機場。當天晚上，機場中有人坐，有人躺，有人以 L 型姿勢窩在椅子裡，至於有點神經質的我們，則因擔心行李箱離我們而去，將頭部靠在登機箱上方，展開兩個多小時的半睡半醒。

在機場中度過的凌晨，絲毫也不冷清，腳步聲、滾輪聲不時出現。直到清晨五點，人潮開始湧入。放棄說服自己「累了，就會睡著了」之後，我們從包包裡拿出麵包，一邊啃食，一邊體會夜宿機場後的精疲力竭。原來，想在旅行中省點錢，是需要代價的……

恍恍惚惚晃進人潮滿溢的機場大廳，空間裡正流轉著某位旅客以大廳鋼琴演奏所帶來的琴聲。溫柔而跳躍的音符，彷彿在向我們預告——我們即將飛往一座溫柔且活潑的城市。坐上飛機，迅速食用完機上早餐，我便一路睡到 55°40´N 12°34´E。而下一回，收藏於腦海中的畫面，便是飛機降落時，於機艙窗外——雲朵後方——綻開的日出光芒。

如切換手機模式的瞬間動作，哥本哈根凱斯楚普機場裡明亮透徹的日光，讓我的大腦，即刻從睡眠模式進入清醒狀態。前往入境出口的一路上，本該用在尋找入境指標的注意力，全分散至灑入日光的大玻璃窗以及正於窗邊享用午餐、臉頰被曬得微紅的人們身上。

一位綁著馬尾的女孩，雀躍地奔跑在筆直視野中——大方迎接陽光——的白色走廊。她的步伐，如同騷動在我們心裡的心情——既輕快又迫不及待。

至旅舍安置好行囊，減輕身上重量。接著，我們出發前往第一個目的地——新港（Nyhavn）。當天，新港河畔堆疊著白雪，一岸是市民在冷風中從容踩踏自行車的畫面，一岸是各色房屋緊緊相連的景致。柳橙橘、向日葵黃、丹麥國旗的紅、溫和的粉藍……各種童話色彩，染得新港就像是童話書裡的場景。

悠晃一會後，走入販賣冰淇淋、比利時鬆餅以及熱飲的 Vaffelbageren，我與 S 各買了一支雙球冰淇淋。那支冰，我吃了大概有十分鐘，我一邊吃，一邊想它什麼時候會融化。而最終，它不僅沒有融化，甚至依然是固體狀……。原來，在冬日裡想多緩慢就多緩慢地享用冰淇淋，也是雪國的其中一種特權。

自圓塔望入巷陌

「能夠影響日常生活品質的藝術，才是最高級的藝術。」

　斜陽淡照在 Købmagergade 街道裡的石磚路面，白雪輕躺於視野末端的磚瓦屋簷。望見此場景時，圓塔（Rundetaarn）就在拐過視線末端那條巷道裡了。

　於底層取好票券，旋上共七圈半的螺旋上坡。圓塔的窗子彷彿正與窗外日光，進行一場排列組合的遊戲。種種組合結果，是條條光束經各扇窗子，於磚瓦、白牆間延伸、拉長的景象。抵達 34.8 公尺高——距城市屋宇不是太遠——的觀景台，我的視野從銅綠色尖頂構築的天際，來到白雪覆蓋的屋頂，接著，進入人影鑽動的巷陌。圓塔上的風景，或許沒有艾菲爾鐵塔上那般廣闊，也沒有自凱旋門上眺望，可見環形大道那般令人驚艷，卻以近在眼前的溫柔色彩——褐色、黃色、米色、淺藍色⋯⋯——向我們展現哥本哈根獨有的親和感。

　回到街頭，從書局裡帶走印有丹麥國旗色彩的明信片，接著，我們走入幾間中小型家飾品店鋪。在裡頭，我想起了梭羅（Henry David Thoreau）的一段文字——「能夠影響日常生活品質的藝術，才是最高級的藝術」。這句話，正是眼前色調溫柔、精巧而不繁雜、設計中帶有溫度與情感之家飾品的寫照。後來，有一段時間，我們想也沒想下一站要去哪，就這麼打轉在令我們心動的家具、藝術品身邊。

Café Norden

沈穩的木桌、灰色的牆面、精緻小巧的燭台、插有綠色植栽的玻璃窗，皆任由陽光自由打轉。店員的黑圍裙，也沒被調皮的陽光放過。走過斯楚格街（Strøget）的午後，我們接著來到位在鸛鳥噴泉（Stork Fountain）旁，以玻璃窗大方納入陽光的餐館——Café Norden。

注意力從空間裡的裝潢、氛圍回到菜單，我與 S 淡淡地……相視而笑。雖早有心理準備，但換算菜單裡的價格……我們仍忍不住說起各種安慰彼此也安慰自己的話——例如「之後每餐都吃超市吧……」——以平衡不習慣此地物價的心情。

等候餐點的時間裡，一對母女突然問我們能否共坐圓桌。欣然點了點頭以後，阿姨接著問我們從哪兒來。閒聊之間，阿姨從包包裡拿出玻璃罐並遞給我們，「這是丹麥的糖果」她說。從罐子裡取出褐色糖果時，胸口彷彿竄入一股暖流。如此簡單的善意，於我們而言，就似哥本哈根潔白的雪地襯上溫暖的褐色房屋——帶給我們恰好的人情溫暖。短暫、微小的連結，也成了我們在此地最難忘的回憶。

將阿姨給的糖果放入口中後沒多久，由於高物價而思量許久，決定一起分食的三個小漢堡送上桌了。用餐時，我們環顧整個空間，幾乎所有人都專注在彼此身上。無論是眼神交流、對話或者是一同歡笑。

吃了這一餐，我體悟到，哥本哈根的魅力，就藏在人與人的互動之間。

一段河畔路途，幾回溫柔片刻

傍晚五點半行走克尼普橋（Knippelsbro），右後方的河水正反照著夕陽所投射的金色光芒。路經基督教教堂（Christians Kirke）與幾棟採用大片玻璃窗的現代建築。下一站，我們來到積雪的河畔。當時，望向彼岸，以對比雪地之色彩耀眼佇立對岸的，正是黑鑽石（Den Sorte Diamant）——丹麥皇家圖書館。

正當我興奮捕捉由夕陽染成淡粉橘色的雪地時，一位身著黑衣服的父親，正將頭部緊貼在掀起遮蓬的嬰兒車上方。我猜，他正在端詳孩子的臉龐吧？

隨天色變換，夕陽的金色光芒一點一點被橘紅光點取代，我們的腳步則回到另一側與克尼普橋平行的 Langebro 橋。這一回——粉紫色晚霞下——畫面來到另一名父親身上。

此名父親頭頂頂著色彩充滿童心未泯感的亮黃色毛帽，騎著「裝有孩子」的自行車駛過道路。看著哥本哈根的日常畫面，我總不自覺揚起嘴角⋯⋯。哥本哈根，真是一座太可愛、太溫馨的城市。短短四十五分鐘的路途裡，「親情溫度」真情流露在我們所走過的一路上。

Rovaniemi,
Finland

羅瓦涅米，芬蘭

在木色小屋裡找到「家」的溫度，

自 66° 30′N 寄出來自北極圈的想念，

在銀白色森林前感受大地的沈著與從容，

這一站，是聖誕老人的家——羅瓦涅米。

　　小時候，我總覺得飛機起飛至某個高度，就好像翻開《威利在哪裡？》（WHERE'S WALLY？）。密密麻麻的景物，總令我興奮又期待。來到 66°30′N 北國大地上空，窗外雪白裡，盡是優雅蜿蜒的公路、延綿或成群佇立的深綠色樹林以及因距離而顯得小巧可愛的房屋。這次，威利來到聖誕老人的城鎮了嗎？

一場風雨——是該自己面對，也面對自己了

聖誕老人所居住的城鎮市中心，不繁華也不算熱鬧。我們在大型超市裡備好攝氏 -15 度裡的糧食，便坐上人數加我們不超過五人的公車，朝落腳處去。

穿梭一段林間公路，窗外除了路燈，一片漆黑。被車子放在氛圍寂靜的馬路邊後，我們走往斜坡，轉入幾戶門前佇立雪人的小社區，找到將屬於我們兩個夜晚的小屋。

一跨入門內，我們如搬入新家般狂喜，尚未將積累著汗臭味的雪靴脫掉，就劈劈啪啪地按下所有電源開關，小屋隨指尖按壓的頻率，一點一點亮了起來。將行囊隨意丟放在木地板後，我們開始觀賞暫時屬於我們的「新家」。

首先，走往大門右側的客廳，客廳裡擺著一張深色沙發椅、一張矮長桌以及後來完全沒打開過的電視。一切舒服的景象，讓我開始想像，要是在這裡待上一個月，我應該會長成一顆沙發馬鈴薯吧？轉身至與客廳位於同個隔間裡的開放式廚房，餐桌上方，垂掛著兩盞暖色吊燈。我們如小朋友遇見新奇事物，不好好探究一番就不甘心罷休地——拉開所有櫥櫃、抽屜。餐具、餐盤、水杯、鍋子、削皮刀、起司刨刀……——所有可能出現在廚房裡，甚至我們根本不知如何使用的廚具，全都在裏頭了。最後，走往左側房間，除了木質衣櫃，還有一張大雙人床。

雖然我們的新家，只是羅瓦涅米雪地裡其中一棟平凡小屋，然而屋裡柔和的一切，所構成似「家」的氛圍，已將我們收服。——木色系、暖色調，好適合冰冷的雪地。

飽食一餐後，走回房裡，我站在大木櫃前照了照鏡子，檢視自己是否有稍稍向聖誕老人看齊的跡象。嗯……鼓鼓的肚子是有那麼一點。美好的夜晚原該持續至夢鄉，然而，自言自語後，風雨就在此時席捲而來。

當晚，我習慣性地伸手入背包，依形狀尋找相機。翻了翻，卻怎麼也摸不著。將背包翻面，抖出所有物品、零散發票、餅乾屑……。沒有！沒有相機！明知不可能將相機放在行李箱裡，我還

是對行李箱做了同樣的動作，結果當然還是沒有……。我愣住了。回想上一次見到相機，是一個小時前在林間公路裡行駛時。約莫是急著拉行李下車，把相機遺落在座位上了。

意識到相機不在我身旁的事實，我的眼淚……開始在眼眶裡打轉。一個人旅行、獨自悠晃街道時，無法立即與家人、朋友分享的感受、故事，都是先跟——陪伴了我近五年的——相機分享的啊。即使沒抱太多希望，我還是上網搜尋了羅瓦涅米公車站的電話以及失物招領資訊。不過，當時已經晚上八點，羅瓦涅米公車站恰好收班了。我只好待明早再撥打電話。沖了澡，窩回被子裡，天亮以前所有整頓不好的頭緒、無助，也只好雜亂宣洩在日記本裡了。

隔日，七點的鬧鈴一響，我的腦袋比睜開眼皮的速度還快，立即閃過——相機！走往客廳，回想了一下地點、時間，我很快就撥出了第一通電話。接電話的男子，確認我需要找遺失物後，給了我一串數字，告訴我撥打那支電話。撥出第二通電話以後，這次接電話的是一名女士。女士表示司機還沒上班，要等到中午才能回撥電話向我確認是否有我的相機。心急，也只能等待了。看著窗外——清晨時分呈淡紫色的天空，我走向冰箱取出牛奶，倒入鍋裡加熱。雖然是自己粗心引來這場風雨，卻好想要一點溫暖的慰藉。從小到大的粗線條，果然還是被我帶來了這裏……，小時候，有家人給的避風港；大了點，有朋友給的避難所（這樣說是有點誇張）。現在，是該自己面對，也面對自己了……。

半小時後，當我還在回想小時候各種粗線條事件，手機顯示有一通未接電話。我撥打回去，女士說「妳的相機在公車總站了，等妳來拿」。再三感謝以後，我一放下手機，便瘋狂地在木地板上溜來溜去。從廚房溜到房間，再從房間裡咻——回到客廳。我的旅伴與旅途記憶，就要回到我的身邊了。風雨總算平息……。謝謝羅瓦涅米。也謝謝曾經為我遮風擋雨的避風港（家人）與避難所（朋友）。

還記得小時候，開始有踏入北方雪國的幻想，始於一部電影——《北極特快車》（The Polar Express）。電影中的一幕——列車在前往北極圈時，被成群馴鹿包圍。不知為何，見過那畫面，它便深深植入我腦海中。

也許是對當時十歲的我而言，那畫面太美、太不可思議，也可能是馴鹿頑固可愛的模樣，打動了我。就這樣，那一幕成為我的憧憬，也悄悄醞釀成了此時。——二十一歲，我站在北極圈，身旁，有幾隻頻頻眨眼的慵懶馴鹿。

看著馴鹿，我想起電影；走入旅途，我也開始明白電影裡的一句話——"One thing about trains: It doesn't matter where they're going. What matters is deciding to get on."「關於列車：重點不在於它將前往哪裡，真正重要的是決定跳上它」。

出發至此地以前，我曾透過他人分享的故事，在書頁間，憑想像力蠢蠢欲動。「決定躍入旅途」後，羅瓦涅米讓我記得的，不再只是馴鹿與聖誕老公公，還有溫暖舒適的小木屋、公車站阿姨的協助以及此地令人放心的民風。

屬於我的遇見，讓我感動、感激的事物，都發生在「真正出發」以後。而你的故事，肯定也就在「你決定出發」了以後。無論是哪。如果你心裡，也早有張探索藍圖，那麼，帶上對自己的信任，跳上班機、列車，在曾為憧憬的風景中，找尋、遇見答案吧！

重要的，是你決定出發，出發了，才會找到屬於你的答案

Believe in what your heart is saying, hear the melody that's playing.

There's no time to waste, there's so much to celebrate.

Believe in what you feel inside, and give your dreams the wings to fly.

You have everything you need, if you just believe.

〔Josh Groban ─ Believe〕

Rovaniemi

自 66° 30′N，寄出手寫的思念

遇見馴鹿後，我們走進聖誕老人村裡的郵局。這裏，大概是聖誕老人村裡最有趣的地方了。

拉著馴鹿的男人，給老爸的；粉色雪景，給老媽的；黃色那張，就給老弟了。至於近拍馴鹿鼻孔的一張……就給那位因馴鹿鼻孔而想起的朋友吧。——在擺滿明信片的架子間，我自言自語地挑起一張又一張花色相異的明信片，結完帳，便拎著郵票、明信片走往木桌。來到——早已圍坐著一群正填寫卡片的人的——木桌旁，有人情不自禁露出笑容，有人嚴肅而認真。大概，都在想著那位即將收到卡片的家人、朋友，或者未來的自己吧。

在我們生活的時代，雖然只需拿起手機，便可在螢幕裡看見遠在幾千公里外想念的臉龐，聽見家人朋友們逗趣的笑聲。然而，透過手寫字跡來傳達的想念或者祝福，於我而言，仍有種無可取代的感覺——也許是「溫度」吧。

花了近四十分鐘的時間，我終於也寫好所有明信片。貼上郵票時，熟悉的口音從我右側傳來，「這隻筆是你的嗎？可以借用嗎？」。花了兩秒鐘，我確認自己聽到的是中

文，而且應該是在跟我說話。轉頭過去，原來是一位在芬蘭交換的台灣男孩（所以他已經發現我寫的是中文囉？）。交流各自的交換生活與心得後，對他，我深感佩服的，是他的選擇。他已經在 -15℃甚至 -20℃的氣溫裡，生存一個多月了⋯⋯

起身後，我將所有明信片投入即時郵筒，唯獨一張，打算投入聖誕節前才寄出信件的郵箱。那張，我寫給由當時往後推算十個月後的自己。

投入的前一刻，我想像了一下十個月後，回到家裡的自己會是什麼模樣⋯⋯。「會很想念旅途裡遇見的一切吧」，除此之外，沒有其他確切答案了。最後，我在明信片裡補寫上兩個字——「Be adventurous.」，提醒未來的自己，記著當時陪伴我出發也陪著我走過旅途的信念。也期許未來，能將它延伸在生活中。

在旅途中的所見所聞，雖然與實際生活大多沒有直接關聯，吃過羅瓦涅米——世界第二北（曾經是第一，現今最北的麥當勞在俄羅斯城市摩爾曼斯克）——的麥當勞薯條，往後生活，也不會因此有所不同。然而，在旅途中累積的信心、實踐的信念、反

思而習得的想法，卻會在無形中，成為心裡的養分。不在旅途中，也因記得是什麼信念讓自己能夠走過這一趟，而更能說服自己，在日常裡，也繼續這麼活著吧。

主題回到羅瓦涅米。其實來訪此地以前，我們最大的共同心願，是要來目睹極光的。當天晚上，飽食晚餐後，我與 S 便開始反反覆覆在小屋內、外移動。一會兒盯著沙發旁的大玻璃窗，一會兒跑往外頭，凝望呈暗紫色、略帶神秘感的蒼穹。看書裡的照片，大概已經可以猜到⋯⋯我們的心願落空了。雖然，我們曾試圖說服彼此，微微的綠光「有可能」是小型極光（根本不知道有沒有這種說法）。然而，就在收到幸運的台灣男孩，自芬蘭更北邊傳來的即時極光報導⋯⋯，我們認了。若有機會跨入北極圈，一定要到更北、更北的地方啊⋯⋯！

Stockholm,
Sweden

斯德哥爾摩，瑞典

以橋樑銜接起島與島的瑞典首都——斯德哥爾摩，新穎、前衛且充斥流動感。留著俐落短髮、紮起典雅髮髻的女子，襯上大氣耳飾，就似此城縮影——自信與率性中，散發著令人想一探究竟的神秘感。

由赫爾辛基起飛的班機，在夜晚七點多抵達瑞典首都——斯德哥爾摩。拖著行李，進入機場大廳，機場人員不耐煩而潦草地向我們說明前往市中心的交通方式。斯德哥爾摩，給我的最初印象——少了點友善。

從熙攘車站鑽入街頭，車燈光線不停流動，剪著俐落短髮的女子正靠著牆面交談。望入燈光神秘的餐館，桌上燭火正微微閃動———一幕幕充斥著大城市流動感、率性、神秘的景象，激起了我對於此座城市的好奇。

51

過近湖水一側的拱門，朝陽落落大方躺入廊道，廊道裡的色彩，正是石材原有的米黃色與灰白色。當時，一名頭頂戴著圓點帽的綠衣小男孩，正踏著碎小、搖擺步伐闖蕩其中，似乎正在與自己的影子玩耍；再邁開腳步，來到拱門之外，漂浮片片碎冰的瑞典第三大湖——梅拉倫湖（Mälaren），正反射耀眼光芒，此時場景，則進入高亮度的淺藍以及剔透的日光色彩。遠處，於湖水上方奔馳的地鐵，也為朝氣滿滿的斯德哥爾摩，灌注了一股流動感。

傍晚五點前，我們從斯德哥爾摩大教堂（Storkyrkan）一路沿城島（Gamla stan）街道（Slottsbacken）走往湖水邊。抵達建於中世紀的斯德哥爾摩王宮（Stockholms slott）時，前方——又是梅拉倫湖的身影了。

拜訪斯德哥爾摩的時間，雖然在寒冷的二月，城市晴天裡的早晨光線，卻明亮、具穿透力地穿越餐館架上整排玻璃杯，直至另一扇窗。首日早晨，乘上公車，第一站我們來到位在國王島（Kungsholmen），竣工於 1923 年的斯德哥爾摩市政廳（Stockholms stadshus）。

若斯德哥爾摩是一幅畫，那麼我想梅拉倫湖，就是畫作中不可或缺的元素。在早晨，它以受日光照射的片片碎冰，點亮斯德哥爾摩；向晚時分，以緩緩盪漾的波紋，柔軟水流旁的所有景物。就連沉著的中世紀建築，也悄悄柔和了起來。

走入市政廳，依色彩區分，留存於我腦海中的畫面，大致可分為三種場景。首先，由拱門進入市政廳，以八百萬塊紅磚打造的建築與早晨晴空，恰好是色彩與色調皆呈對比的磚紅與天藍色；越

過了水流橋（Stormbron），天色開

走進，走出斯德
哥爾摩市政廳

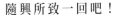

隨興所致一回吧！

始轉藍。不知從何傳來的音樂聲，陣陣傳入我們耳畔。循著音符傳來的方向走去――是露天溜冰場！那裡，正是位於水流街（Strömgatan）與港口街（Hamngatan）之間的國王花園（Kungsträdgården）。

夏季時，國王花園是露天音樂會的舉辦場地；冬日，則為市民的天然溜冰場。當時，以多條拋物狀燈泡線條所妝點的場地裡，盡是輕盈、快樂的人影以及輕快優雅、笨拙可愛之冰上腳步所留下的足跡。站在場外，我忍不住想像了一下在冷風裡快速飄移的感覺……，塞在靴子裡的雙腳，不安分了起來。「把握當下」四個字，緊接著閃現腦海，沒給大腦猶豫的時間，下一秒，我便走往櫃檯租借溜冰鞋，上場！

順著令人振奮的歌詞與旋律――"Cause you're a sky, cause you're a sky full of stars, cause you light up the path......"，我的腳步像是忘了跌在冰面上會痛一樣，越來越起勁，摔得多糗，似乎都無所謂了。就在我發現自己真的拋棄形象（反正當時，除了 S，無人知曉我是誰，何去何從），一心只想速速前進時，我想起了一句話――「偶爾自我放逐到遙遠的地方，獨一無二的你就會出現」。雖然，為了追尋速度感而拋棄形象的我，也稱不上什麼獨一無二。但那時，我確實感覺到……自己有點不一樣――不顧旁人眼光，而且，我喜歡那樣的自己。當時，在我心裡的聲音――「沒有人認識你，儘管前進！」，就這麼說服我繼續糗下去。在令人著迷的速度感中，感受血液奔騰――真的好自由！

後來，我帶著兩片瘀青回法國。而在之後的半年旅途中，再也沒見過露天溜冰場。幸好當時，我選擇把握當下，且盡情享受過那股自由感受……。旅途中，偶爾就讓自己隨興所致一回吧。Seize the moment, you only live once!

53

We have a dream 攝影展

一起走過主要景點後，留一天分頭旅行，似乎已成了我與 S 在旅途裡的默契。這天，盯著灰濛的天空，看了看地圖，我決定前往攝影美術館（Fotografiska）。

Fotografiska 位於斯德哥爾摩南島（Södermalm），建築歷史可回溯至 1906 年，而開始作為現代攝影作品展覽空間則始於 2010 年。

購好票券，走入展間。投影燈光，正照射著暗紅壁面與黑白攝影作品，沉重而激昂的情緒，浮動其中。由瑞典攝影師 Albert Wiking、採訪人 Oscar Edlund 以及撰稿人 DanielRydén 以「透過藝術傳遞故事、激勵人們」為目的所展出的 We have a dream，是此日最令我動容且震撼的一場展覽。

展覽中的攝像人物，包含社會運動家、音樂家、作家、演員、醫生、記者……，而來自各領域人物的共同點，是同樣都歷經過波瀾、波折——一個人，就是一則能夠鼓舞人心的故事。停下腳步，與他們對視，會發現——「沈穩、堅毅」就在他們的眼神之中。

在展間裡走了一回，其中，令我印象深刻而進而探究其故事的，是以炯炯目光面向鏡頭的馬拉拉·優素福扎伊（Malala Yousafzai）———一名為爭取女性受教權而受矚目的巴基斯坦女孩。

馬拉拉生長於巴基斯坦斯瓦特河谷，2007 年，斯瓦特河谷曾成為塔利班組織（發源於阿富汗的伊斯蘭原教旨主義運動組織，曾以嚴厲的伊斯蘭教法統治阿富汗，後續以游擊隊形式分散於阿富汗）的佔領地，女子學校因此一一遭到關閉（塔利班組織禁止女孩受教育）。馬拉拉，因熱愛學習、渴望擁有受教權，因此，自 2008 年起，她以 11 歲的眼光以及

匿名方式，將其對於女性受教權的想法，發表於國際著名部落格 BBC。

後來，塔利班被巴基斯坦軍隊趕出斯瓦特河谷，馬拉拉終於進入父親開辦的女子學校就學。而就在 2012 年某日，馬拉拉搭乘校車返家時，被一名塔利班份子開槍，擊中頭部。手術後，昏迷了六天才醒過來。然而，此事件發生後，她並沒有退縮，不僅與父親一同成立馬拉拉基金，以協助全球女孩擁有受教權，也繼續參與國際上與女性受教權相關的運動。

2014 年，馬拉拉以爭取女性教育之名獲得諾貝爾和平獎。她說：「得諾貝爾和平獎不是我的目標。我的目標是世界和平，且希望所有孩子都能接受教育」。未曾深思過受教權的我，在知悉她的故事以後，才明白——擁有學習的自由與權利，是一種幸福。

將焦點拉回到展覽本身，展覽發起人 Albert Wiking 說「我的夢想，是希望人們覺得這（展覽、書籍）很酷，並透過藝術來影響他們。我們的願景是收集能夠感動且激勵人們的聲音與故事。我的主要目標是讓年輕人們，參與當今最重要的問題。」（"My dream is for it to be considered cool to help people and hope to influence through art. Our vision has been to gather voices and stories that can touch and inspire. My main goal is to engage young people in today's most important issues." –Albert Wiking）。

我想，當人們閱覽過這 114 幅，籌劃長達十五年之久，帶人們看見世界各地之故事的攝像展覽，都會被作品中的眼神、神情以及人物故事所撼動，甚至有所反思。於我而言，這場展覽雖與旅行至斯德哥爾摩沒有直接關聯，卻成了我在此趟旅途中意外且深刻的收穫。

雨天裡的理想角落

　雨天裡，你所定義的「理想歇腳處」是什麼樣的地方呢？結束展覽參觀後，走往攝影美術館頂樓，在那裡，我找到了在我心目中的其中一種理想角落——能夠一覽湖水風光與對岸島嶼的窗邊座位。

　攝影美術館頂樓，是以季節時蔬為餐點特色的用餐空間。當天，點選自助式餐點後，我便捧著托盤至大長桌，將以削皮刀削成的起司薄片與兩塊麵包放入餐盤，將濃湯舀入碗中，接著，開始尋找座位。直到入坐在面向湖水的大玻璃窗前，我一路觀察正用餐的人們。——女人，以俐落短髮襯上大氣耳環、將長髮紮成典雅的髮髻；男人，以深色皮鞋、格子襯衫或獨特鏡框，展現各自的風格。無論前衛、時尚，或內斂、爾雅，所有人皆品味鮮明。

　而若從我的主觀視角，以城市韻味延伸聯想先前拜訪之城市的意象人物⋯⋯巴黎，會讓我的腦海中浮現一位雙腳踩黑靴的熟齡女子，有些傲氣，卻讓人想多看幾眼。阿姆斯特丹，使騎著單車的女孩咻——地從我腦中經過，她所散發的是脫俗而簡約的氣質。哥本哈根，肯定是帶著孩子外出蹓躂的父親，一位最溫暖、溫柔的父親。

　拿起湯匙，將濃湯舀入口中，嗯⋯⋯味道十分濃郁，比習慣的口感鹹了不少。觀察左右兩側，右邊的男孩，正專注在書本的章頁裡，左側的夫婦則指著窗外風景，似乎在討論些什麼。至於聽不懂瑞典語的我，則享受著如背景音樂的對話聲以及窗外景致。在有思緒時，動筆讓流過腦海裡的感受⋯⋯靠岸紙頁。

Warsaw,
Poland

華沙，波蘭

旅舍裡，遇見令人卸下心防的波蘭女孩；

老城街頭，看見華沙人的向心力與幽默逗趣；

格子窗邊的臥榻上，以波蘭語為背景音樂，沈浸咖啡與麵包

香之中。

在我記憶裡的華沙，總是平易近人而討人喜愛。

35 歐元的演唱會門票、一晚 9 歐元的青旅床位、來回僅 20 歐元（約台幣 700 元）的機票——愣在電腦前，我既懷疑、激動又小心翼翼地再次確認……。一切，根本是注定好要召喚我前往波蘭首都——華沙。

兩週後，某晚六點多，我從里爾北邊的比利時沙勒羅瓦機場起飛。整整兩個小時的飛行時間裡，機上盡是大夥們度過日常夜晚的景象。左前方的女士，正讀著比手掌大一些的小書；前面的小朋友，爭著零食吃；右側的兩名大叔，則似老友巧遇般聊個不停。第一次乘上瑞安航空（廉價航空）的我，既興奮又緊張，想到這可是以台中到台北的區間車票價買到的座位，我忍不住笑了。

抵達華沙後，一出機場，我便跳上公車往市中心去。一路上，窗外景致如播放中的幻燈片——橘光路燈，一盞一盞地規律出現。不知為何，那畫面，讓我覺得好熟悉。經大腦，將畫面所傳遞的訊號轉為文字，大概就是——「妳在這裡，很安全」。從腦海中翻找熟悉的原因，原來，那是坐上老爸的後座——什麼也不用管，不用思考——就會被平安運回到家裡的窗外景象。所以，此時此刻，我也會被安全送達旅舍所在位置吧。

記憶，原來有著這般感染力，不經意就闖入我當下的情緒。就這樣，似曾相識的場景所延伸的安全感，伴隨我展開在華沙的旅途。

當晚，進入旅舍房間，燈暗著。在其中一張下鋪休息的阿姨，友善地替我開燈，好讓我鋪床單。而另一張下鋪旁，只見沒拉上拉鍊的行李箱。沖了澡，回到房裡，那位我想像性格隨性的室友回來了。是一位小我一歲的波蘭女孩。在她熱情地向我打招呼後，第一晚，我們就以比手畫腳、手機翻譯，從主修學科、工作、家庭到她的感情狀態，聊了近一個小時。原來她不只隨性，也非常隨和。

女孩說，她來到華沙不全是為了旅行，主要原因是因為華沙的工作機會多，因此她從家鄉來到這裡。她告訴我房裡的阿姨，也是因相似原因而入住。在找到穩定的工作以前，她打算繼續暫居旅舍。她說，這樣還可以結交朋友呢。後來的兩個晚上，只要她下班，我也回到旅舍，我們就一起喝牛奶、吃宵夜。直到我要離開華沙的早晨，我們以擁抱結束三個夜晚的相聚。這是從幾個月前搭上飛機，離開台灣後，第一次對「人」感覺到不捨。走入一座城市，有遇見，就有道別。面對相遇，珍惜相聚，好好道別——原來，也是旅途中的一種學習。就在寫下此段字句的此刻，我依然想念波蘭女孩的平易近人。

和藹、溫柔的華沙老城

「如果在街上再遇到妳,那就一定要跟我喝一杯囉!」

　　華沙老城雖名為「老城」,走入其中,卻甚少能看見歷經歷史洪流而顯斑駁的痕跡。推開現今樣貌,回到七十多年前,華沙,曾歷經一段沉重、悲慟的歷史。

　　二戰期間,納粹德軍佔領華沙。波蘭人為反抗佔領軍,在 1944 年發動了一場僵持 63 日的反抗運動——華沙起義。反抗運動中,兩方皆犧牲、喪失許多性命。在起義軍投降後,被激怒的希特勒下令「讓華沙從地圖中消失」。因此,一座曾承載 13 至 20 世紀之歷史遺跡的城市,就此被無情地夷為一座——毀壞程度高達九成的——平地。

　　從沉重的歷史回到當下,現今由市民以毅力,於 1948 年至 1953 年仿戰前樣貌重建的老城中,是鴿群與小朋友們玩耍的和樂場景;響在耳畔的,則是手風琴大叔顫動風琴簧片而流轉於廣場中的歡樂旋律。

　　當時,停下腳步後,我注意到一名身著淺藍色外衣——將好奇與崇拜流露於眼神中——的女孩,正駐足手風琴大叔前方,專心聆聽演奏。見大叔以笑容回應女孩——此日,展現市民向心力且繼續傳承歷史的華沙老城,在我眼中,既是和藹又充滿了溫柔。

　　一日,走過橙色房屋間的巷陌,再次進入老城。畫家搬了張凳子,倚在碉堡(Barbakan Warszawski)旁作畫。在 52°13'48'' 仍須披著大衣的三月,誘惑在老城巷口轉角處的,是以小麥麵粉烤製的 Kołacz。

Kołacz 是一種自中世紀時流傳至今的傳統波蘭蛋糕，在捷克被稱為 Kolache（Koláč），在匈牙利則被稱為 Diós-mákosBeigli 或 Bejgli。常見的內餡有水果醬、巧克力醬、堅果（在布拉格也有吃到有冰淇淋內餡的喔）。

在前面兩個女孩領走兩卷 Kołacz 後，我走向窗口，也向店員點了卷原味 Kołacz。一點完，店員就消失了。直到三分鐘後，他再次出現，熱氣蒸騰的 Kołacz 便如變魔術般，送到我的手中。由於窗口內看不見任何烤製設備，想知道店員剛剛究竟消失到哪裡去，又是如何產出 Kołacz？我於是好奇地向窗內探頭一望——原來窗口內，還有地下室。如果在華沙老城的某個轉角，看到 Kołacz 的招牌卻沒看見店員，拉一拉窗口旁設置的鈴鐺，他就會現身囉。

手裡握著 Kołacz，繼續遊走巷陌。突然，一名拎著食物的當地男子停在我面前，以熱情語調蹦出一句「嘿！妳來旅行嗎？」。他的語氣，讓這句話一點也不像是問句，反而像是最後加上驚嘆號的肯定句。好像我們是許久未見，在街頭久別重逢的朋友。

當時，我先是錯愕了幾秒，然後，決定回應他的熱情，拉了長音回覆「Yes~」。握手後，他繼續像個老朋友似地說「走，今天讓我請妳喝杯啤酒！」。當時，對於他充滿逗趣的行為雖感到有趣，但由於一個人旅行，我還是委婉回絕了。幸好，他繼續幽默地說「如果在街上再遇見妳，那就一定要跟我喝一杯囉！」，我笑了，我所遇見的波蘭人，似乎總有討人喜歡的好方法。因為遇見他們，每每想起華沙，兩個詞彙——「人」與「親和力」總是先浮現在我腦海中。

瀰漫咖啡與麵包香的 To Lubię

凝聚著相似頻率的星球

溫柔和煦的光線、舒適慵懶的溫度、令人沈醉的咖啡香與麵包香——前往演唱會前的時光，To Lubię給了我暫時躲避寒冷的一隅。

花了點時間瀏覽菜單，點了一份烤麵包佐切丁水煮蛋蔬食沙拉以及一杯熱拿鐵。流浪在沒有自己的房間的城市，我一坐上 To Lubię 格子窗邊的臥榻，就是四個小時。往常，走入人聲大於音樂聲的咖啡館，我總會戴上耳機，隔絕外部所有聲響。而此日，就在我從背包裡掏出旅伴——日記本與黑筆，進行幾行自言自語後，我才發覺——我居然沒戴上耳機。音箱裡所傳出的音樂、人們的對話聲、店員的備餐聲響，三合一成為我的背景音樂了。即使無從知曉人們的談話內容，我卻以某種形式——悠然自得地融入其中。這應該就是……在不經意間，感受到「美好，悄然形成」的一刻吧。

若要說在這段時間裡有何干擾的話，大概就是每次店員從吧台端出——上方擺有香草冰淇淋的——烤蘋果派時，所飄出——令人分心——的香甜氣味。離開前，我終於也忍不住點了一份。冰火交融的口感，值得一試喔。

離開 To Lubię，這晚，就要前往期待已久的演唱會。雖然早在兩週

前，就已在學校外的影印店印好門票，我還是不太相信，自己就要在一座原本沒列在我的旅行清單的城市——華沙看演唱會。手裡捏著牽起我與華沙之緣分的門票，興奮裡摻雜著幾許不安，終於，我抵達演唱會場館。隨蜂擁人潮湧入館內，裏頭景象亢奮而騷動。

演唱會開始之前，我有個癖好——我喜歡觀察……是什麼樣的人，跟我喜歡一樣的歌手。神奇的是，我很容易對這些人——跟我喜歡一樣歌手的人——產生好感。穿著、身上的色彩、說話方式、笑點、哭點……不管怎樣，除了喜歡相同歌手，這些人身上，總還會有幾些與自己相似的地方。而這天，我發覺這件事情，也適用於跟我沒有任何地緣、血緣關係的波蘭。我們的場館，就像一顆星球——一顆凝聚著無數相似頻率的星球。

就在燈光暗下的幾秒鐘後，Lany 輕鬆卻具強烈渲染力的音樂聲響起了，大家一同歡呼、隨節奏搖擺。周圍的一切，變得好真實。而就在場館內開始流轉 Tom Odell 觸動心弦的歌聲與琴聲，我的情緒也開始隨歌詞、旋律波動起伏……，太震撼了。

現場感受歌手本身的魅力之外，

在黑漆漆、音符流轉的空間裡，盡情揮霍自己的情緒，與身旁——腦海流動著各種畫面與故事——的人們一起感動，正是現場聆聽演唱最令我期待且吸引我的原因。而在這兩個小時半的演唱會裡，我所期待的……都實現了。應該說，是心滿意足了。

晚上 11:30 坐上公車，11:50 我隨興跳下車，決定走一段路，將演唱會後猶存的悸動好好宣洩一番，再回旅舍。那一路裡，我的每一步，都是前所未有的輕快（幾乎是用跳的）。難以言表的自由感，在我體內奔流，那種自由，就像是感覺到全身上下的毛細孔……全都屬於自己，那麼自由。

寫到這，不得不透露一件事情。其實為了這場被演唱會、機票召喚的旅程，我非常掙扎地——曠了一堂課。持續兩天，罪惡感總在我心裡晃來晃去……。然而，就在走跳回旅舍的途中，心頭上的「幸好，我來了」取代了罪惡感。一切，在演唱會、遇見波蘭室友、順利平安完成往返共 20 歐元的飛行之後，都值得了（不過，除非是精密計算過機會成本，非翹課不可之外，還是不要曠課比較好喔）。

Lille,
France

里爾，法國

相處一個月裡的美好與此
時想起能會心一笑的糗事，
如今都令我想念……
Merci, Lille!

大約在三月底，里爾的樹枝枝頭開始冒出新芽，而陽光雖還稱不上暖和，其照射嫩綠葉片的景象，卻也使里爾街頭，瀰漫著適合展開新生活的春日氣息。

四月初的一天，我在最後一堂課結束以後，走了與平時不同的路線，打算返回宿舍。當時，眼見不遠處有白櫻濃濃盛開，我就此跟隨一片雪白，走上位在學院周邊的一座橋。

從橋上俯視杜勒河（Deûle）——水流兩側，有人慢跑，有人散步，有人騎著自行車穿梭道路，成排樹木，則以淡黃色接近青色的嫩葉，持續宣告春日的來臨。

見三個月以前佈滿枯枝的里爾，轉為春意盎然的清新景象，就像證實了自己「在這裡生活過一段日子」。一股平靜與滿足……頓時充盈在我心頭。

回想在里爾的課程，我最喜歡的一堂課，是與我的主修（觀光）以及在里爾的商學院都沒有直接關聯的 Mindful communication。 記得星期一一走進教室，坐在投影幕前方的是一名穿著套裝、目光彷彿能洞悉許多事情的女士，那名女士，正是此堂課的教授。在課程的一開始，教授要我們（約十五人）圍成圓圈，說一件關於自己的事以自我介紹，而內容真假可自行決定（也就是阿根廷人可以說自己來自義大利，二十五歲也可以謊報自己二十歲）。雖然不確定課程為何以此方式展開，但我發覺，在有趣的猜測間，大家的互動開始了，距離也縮小了。

共五天的課程中，教授進行課程的方式大多是在她敘述、分享後，讓我們思考、提出意見。互動過程中，不僅可聽見他人的想法，也能進而思考或者檢視自己，因此每天離開教室，總有種「紮實、踏實」的感覺。

一次，教授依序向我們提出兩個問題，要我們將答案寫在自己的紙上。那些內容，不是作業，也無需向他人揭露，只有自己知道上面寫了什麼。若此時有時間，你也許也可向自己，回答這兩道問題喔（建議先將第一道問題的答案寫下來後，再翻頁看第二道問題）。

一，如果剩下一年的生命，你想做些什麼？

二，昨天的你所做的，接近上一個問題的答案嗎？

透過這樣的檢視，我具體明白了自己「想要的是什麼」、「是否滿意現在的生活」、「還有什麼，是我必須修剪、調整的」。而透過接續的提問，我也才發覺，「現在的生活，是否接近自己不做會後悔、必須完成的事」，是如此地不容忽視。

你呢？回覆自己之後，現在收穫的又是什麼呢？

出發前往為期 64 日的旅途前一天，我將房間清空，又花了近四十分鐘的時間，把行李箱拖至宿舍承辦處寄放。卸下重達 30 公斤的重擔，一身輕後，我接著走上平時下課後所走的路線返

道別

回宿舍。那天，里爾的葉片，已從嫩綠轉為油亮、蔥鬱的綠。

路經郵局時，我想起某日，因郵局內部程序出問題，導致我在兩個小時內奔波三間郵局，無論如何與郵局人員溝通（甚至用手機將句子翻成法文），都領不到家人寄來的包裹的一天。那天，以為老爸、老媽寄來的東西蒸發了，最後，我哭成豬頭走回宿舍……。那是我第一次，在里爾街頭流淚。幸好隔日，我鍥而不捨又去其中兩間郵局，要求郵局人員再幫我查清一次。最後，終於抱著包裹回到宿舍。

有了那次經驗，我學會堅持立場。即使一個人，即使辛苦、狼狽，即使語言構成某種程度的阻礙……也得「據理力爭自己的權利」。

當天晚上，與S、Y相約到餐館用餐，在廣場會合後，我們便一起走入舊街區。里爾的舊街區沒有過多的觀光氣息，也鮮少有印上國旗等圖樣的紀念品店，氛圍十分純粹。冬天時，因為天黑得早，街道裡通常只有稀落的人影，然而此日，天氣暖了，人們正悠閒地坐在石板路裡的露天座椅上喝酒、暢談。愜意，直延伸在巷陌裏頭。

進餐館後，我們三個人邊吃邊聊，一同感嘆著「感覺才相遇不久，竟然已經過了三個月」（雖然各自回家以後，我們的距離也不算太遠）。吃得一身暖後，走出店外，四月初，里爾夜晚的風，仍帶有涼意。也許是酒精起了作用，加上有一段日子沒好好釋放情緒。一整路，Y、S所說的話，隨便都能戳中我的笑點，就這樣，在晚風的伴隨下，我們半清醒地一路笑回宿舍。回到宿舍後，又在走廊上聊了將近一個小時。

越聊，越捨不得離開。直到回房裡，我才開始面對最後一個報告。完成作業後，想著「不久後，就又會有另一個人住進這裡了吧？希望是個會善待這裡的人」，然後，跟抵達當晚一樣，我蓋上羽絨衣，睡了。三個多月，在里爾的生活，也就這麼告一段落。

謝謝里爾，讓我實現了當初想出國交換的最初心願——「在某座城市生活上一段日子」。謝謝在里爾所遇見的人。也感謝所有酸甜苦辣、糗事，於最後一晚想起……都成為有所成長、能夠會心一笑的回憶。Merci, Lille.

Lille

由於想在申請到學生簽證的半年裡，到更多地方看看，在里爾的日子，飲食上，能省下的，我幾乎都省著了。然而盡可能省下飲食費用的日子，我卻一點也沒有變瘦的跡象。在法國生活，以「食」為衡量標準，於我而言，根本是天堂。自己下廚，也可以吃得有飽足感又沒有花費上的罪惡感。

里爾家樂福 0.9 歐元的長棍麵包、果醬、一公升 1 歐元的牛奶、鵝肝醬、各種各樣的玉米脆片與燕麥、起司塊、義大利麵、雞蛋……是我生活中最主要的熱量來源，而最令我想念的，則是十多顆大約三歐元——又香又甜，有時又脆——的蘋果。若是假日整天沒出門，一天內，我常常不留意就啃掉五顆（然後房裡，就會瀰漫一股特別氣味）。

家樂福之外，我偶爾會前往的地方，還有位在舊城區巷道裡的麵包店

—— Alex Croquet。從糕點、塔、法式麵包到軟式麵包，裏頭應有盡有，而其中最吸引我的，是一顆又一顆比臉還大的歐式麵包。

第一次走進 Alex Croquet，因為什麼都看不懂，我隨意挑了 2.5 歐元的 Campagne（麵包名稱）。結帳時，店員問我要不要切片，我點了點頭後，麵包便被送進機器，切得十分整齊，然後被裝入紙袋。而我也因此多付了一筆小費（給機器）。Alex Croquet 的麵包，外皮硬、裏頭十分有嚼勁，最佳食用時間為 24 小時內。若在 24 小時內沒吃完，又沒冰入冷凍，通常會咬得越來越辛苦。門牙跟麵包皮極有可能陷入瘋狂拔河的狀態。如果有機會到里爾，也可以嘗試口感偏酸的 Polka、加入卡馬格鹽的 Le Gamin 或者外皮有濃濃烘烤味的 Seigle 喔。

再另一個會去採買食物的地方，

是 1889 年成立於里爾區克魯瓦（Croix），在台灣也頗有名氣的糕點店——PAUL。在法國，PAUL 是屬於價格親民的麵包店，在里爾市區裡徒步行走，不經意就能經過幾間，甚至大商場裡就有兩間。

而其中，位在舊街道裡的 PAUL，因外牆貼有裝飾磁磚而令我別有印象，但因室內座位少，我常常只是在路過時多欣賞幾回。較常去的一間則位在里爾歌劇院（Opéra de Lille）斜對角，點一塊派，入座店內高腳椅，可一邊體驗味覺享受，一邊觀覽里爾歌劇院屬新古典主義風格的建築、建於 17 世紀中的老證券交易所（Vieille Bourse）與路經人潮喔。

最後要提到的，是里爾市集——Wazemmes。在里爾市集中，最令我難忘的味道，是位在市集外圍的烤雞攤販。正冷的冬天，盯著在攤販架上轉動、滴下雞汁的烤雞，總讓我、S、Y（香港與深圳朋友）無法抵抗畫面與香氣的誘惑，即使隊伍拉得很長，我們仍會心甘情願地排入其中。

說到市集，其實每次來到這，我本來都沒特別要買什麼，最後卻經常出現在不知不覺中，將物美價廉的水果、日用品塞入提袋的情形。較特別的體驗，是有時走在裏頭，還會忘了自己正身在法國。因在走道前端，才聞到濃郁的印度香料氣味，來到另一端，就又是中東風格的織品與衣物，圍繞身旁。

而在法國的日子裡，我唯一一次採買中式食物的經驗，也是在市集周邊的亞洲食品超市裡。一次與 Y、S 到超市，他們買了中式麵條，我則帶回一罐香麻油。又因為一次在家樂福裡，太貪心買了太多打折義大利麵（直到離開里爾時還吃不完），於是，我開始嘗試中西合併的新滋味——將香麻油淋上義大利麵（味道其實也挺不錯的喔）。

Prague,
Czech Republic

布拉格，捷克共和國

攀在矮牆旁，見證金色之城的耀眼光芒；

鑽入巷陌，感受小徑裡的恬謐氣息；

走上查理大橋，一覽伏爾塔瓦河的悠緩姿態；

登上塔頂，沈迷童話景致於傍晚時分至夜色降臨間的變化。

布拉格——一座輕易就能擄獲人心的老城。

又是一次道別與一次啟程。拉著經一番挑揀才收拾好的登機行李箱，我站在空蕩的房間外，回想三個月以來，陪伴在我生活裡的種種——每天早晨都要滾一回的熱水壺、淺藍色被單、裝有鍋子、橄欖油、義大利麵條、青醬的家樂福超大購物袋……。矛盾的情緒，開始在我心頭盤旋。才要出發走上為期六十四天的旅程，我已開始想念漸漸熟悉的這裡了。

然而最捨不得的依然是書桌前，陪我見證里爾季節變換的玻璃窗。冬日，我常在起霧的窗面塗鴉各種有意義或者沒意義的圖，也在窗邊迎接里爾的第一場雪；冬春交替的日子，則推開窗子，在早晨、傍晚，感受里爾隨時間推移緩緩轉暖的氣息。

就在道別此日，窗外已吹起春日的徐徐微風。

關注周圍，讓自己之外的
氛圍與情感進入一人行走
時的寂靜

班機降落在歐洲大陸中心點——布拉格。兩個月前經一番精打細算、縝密規劃——從網路汪洋中搜出各廉價航班、青年旅舍——的旅程開始了。不知預定為期六十四天的旅程、預訂好的所有班機、住宿，能順利完成多少……，無論如何，此時此刻……堂堂前進吧。

從機場外帶有陳舊感的售票機領走車票，我的第一個目的地，依然是旅舍。乘上車，走出地鐵站，越過一片周圍有超市、雜貨店的水泥地，我進入氛圍清閒的民宅社區。眼看四周——成排的房屋一側，襯著四月盛放的白櫻，小朋友，騎著小自行車從我身旁經過。沿花瓣鋪蓋的坡道，繼續前行，在上坡盡頭左拐入小徑後，我開始數門牌號碼。正當一棟簡樸房屋出現眼前——抵達旅舍了。按下門鈴後，一位眼睛又大又圓的女孩，拿著傳統鑰匙，替我轉開門鎖，領我上樓。出示護照，隨女孩參觀一回屋內設施，再接過兩串鑰匙——入住程序順利完成。安頓好行李，我接著動身前往景點區。

一出地鐵站，即刻映入眼簾的，是與旅舍所在的民宅區呈強烈對比的擁擠景象。湧入人海，我開始如一條被包夾在魚群裡的魚——順著人流推進——游入恰好在舉行慶典活動的老城廣場（Staroměstské náměstí）。穿著傳統服飾的表演者在舞台上盡情演奏、揮霍舞姿，香腸與甜食攤販則聚集廣場中，以陣陣香氣誘惑著旅人。廣場裡的歡騰、喧鬧，與上空大雨將至的景象，再次形成一次對比。

突然，注意到廣場一隅傳來曲調特殊的樂曲。我走近一看，原來是四名街頭藝人的演奏。原本，是該

好好欣賞音樂本身，但……一注意到四個人清秀且相似度極高的臉龐，我的注意力就有點拉不回來了。當下，我覺得自己看見的是同一個人的成長縮影……除了五官，四人隨音樂起伏轉換的神情、眉毛角度，也同樣充滿了默契。

接著，沒特別注意手錶上的時間，我卻準確地料到——鐘響時間要到了。因為人潮，又開始大遷徙了。湧入其中，我也來到天文鐘下方。

天文鐘，是已有六百多年歷史的中世紀機械鐘，在過去曾為天文學的星盤設備。除了著名、醒目鐘面與天文錶盤，天文鐘旁還有於 17 世紀時添入的木雕雕像、18 世紀添增的使徒雕像以及 19 世紀整修後才有的金製公雞。就在大夥們一一舉起手機、相機後沒有多久，使徒雕像開始在眾目瞻仰中緩緩轉動。

回程時，天色已轉藍。巷道裡的人潮各自入座餐館、走入小雜貨店與紀念品店去了。回到地鐵站前，站外兩名男子，正一面拉出巨大泡泡，一面瀟灑、自在地暢飲啤酒。他們的模樣，彷彿在提醒人們——夜晚，就該放緩步伐，將繁雜、焦頭爛額的情緒裝入泡泡裡，隨風飄散。

開始體驗一人長途旅行的這天，鮮少有寂寥片刻。湧入人潮、凝視街頭表演者、揣摩表演者的心境，都是一次與城市互動的機會。在互動的過程中，氛圍與情感，也正一次又一次，悄然闖入一人行走時的寂靜。

當晚，回到旅舍後，見兩名亞洲人正坐在小廚房裡使用筆電。相互微笑後，我說「你們是日本人吧？」「妳怎麼知道！」女子訝異地回應。雖然分辨歐洲人的能力，我大概就只有——說法語的可能來自法國、比利時，身形高瘦的也許來自德國、荷蘭，長相清秀的可能來自中歐與東歐這種程度。然而，憑直覺分辨亞洲人的能力，還是不錯的。韓國女孩的嘴唇通常會抹上醒目鮮紅的口紅，日本女孩的臉妝通常很白，有些笑起來還有日式酒窩。我告訴她，我是從她的笑容猜測的。

接著，我們的話題從他們自東京的快速生活步調逃離，直聊到他們的旅行方式。依步調邊走邊安排旅程的他們，已從東南亞、美洲至歐洲旅行近 80 日！我深感佩服，卻一點也不感到意外，從他們的穿著——泰式花色的寬褲、寬鬆上衣加上輕鬆對談的語氣，我已嗅到——流浪多日的旅人身上獨有的——安閒自得的氣息。

旅途裡的寶藏，有時就藏在偶然的遇見之中

旅舍窗邊，一探當地人的日常

74

半睜著眼醒來的早晨，窗外日光正於窗前布簾躕躇。走下床，推開玻璃窗——微風輕輕吹上臉頰，我的嘴角不自覺地上揚。向窗外探頭一望——白櫻在晨曦照射下，顯得更加明亮了。漱洗後，我坐回窗邊，一邊將燕麥倒入牛奶，一邊觀察窗外的聲息。巷道裡，嚷著童言童語的小男孩，勾著父親的手，正要出發去上學；一名女士，拾著早餐，上了車，咻——地駛出小徑；對面三樓的婦人，則朝在一樓庭院裡洗車的男子，喊了長串我聽不懂（但聽得出來有點生氣）的句子。小徑裡，不僅充滿朝氣，更是充滿了生活感。住進位在民宅社區裡的旅舍，雖與市中心有著二十多分鐘的車程距離，卻讓我有機會，一探當地人的日常。

此日，以查理大橋（Karlův most）為起點展開旅程。風和日暖的日子裡，查理橋上的旅人，臉上各洋溢著喜悅與好奇；畫家們，不受外在影響，悠然作畫；抱著小男孩的父親，則在孩子耳邊低語。也許，他正在告訴孩子「摸一摸雕像，會帶來好運喔」。

抵達小城塔橋（Malostranská mostecká věž）前，我步下階梯，遊走河邊。在那兒，最醒目的，莫過於繫在河岸欄杆上——由艷陽曬得發光——的數個銀色、金色愛情鎖。城市裡，被愛情鎖所佔據的地方，似乎總會莫名染上浪漫色彩，提醒單身的人一點什麼？

午後，為尋覓歇腳處，走上 Újezd 街，我一路向南來到 Café Lounge。享用一塊蛋糕、一杯拿鐵，再午睡片刻的時間裡，陽光漸漸柔和。起了身，我循著原路打算返程。然而，就在我經過冰淇淋店前方時——左側某個地方，傳來了小朋友們的嬉鬧聲。不知為何，當時的我有種被召喚的感覺，於是，靈機一動，我決定改變路線。

走過斑馬線，登上階梯——原來，傳來笑聲的地方，是個公園（Petřínské sady）。小朋友們就在右前方的遊樂設施間奔跑、嬉戲。將視線推往左上方延綿而上的青翠草坪，佇立其中的，是盎然綠意的高大樹木與綻放春雪的白櫻。三五好友，肩併著肩躺臥在綠地上交談；某一家人，坐在白色花瓣點綴的草坪裡分食披薩；遠看似一顆棕色球的柯基與拉布拉多，正追逐打鬧。不同組合的相聚，在這裡都顯得好和諧、溫柔且愜意。

恣意遊走恬謐小徑

以布拉格城堡（Pražský hrad）與聖維特教堂（Katedrála svatého Víta）為目的地。某日傍晚，我的腳程，從老橋來到充滿古城氣息的巷陌。在這之間，最令我印象深刻的道路，是以曾居住街道的捷克詩人兼小說家——聶魯達命名的聶魯達街（Nerudova）。

聶魯達街，是一條因景物而瀰漫中世紀韻味的陡坡。若有機會徒步此街，可以放緩步伐，注意房屋門面上的各種浮雕——兩個太陽、三匹黑鷹、三個小提琴、紅色獅子……。這些圖案，都是中世紀——門牌號碼尚未傳入此地以前——為作為門牌，而留傳下來的歷史遺跡。

接著，進入 Ke Hradu 街——這裡，是我開始體悟到布拉格之所以有「金色之

城」一名的地方。當時，眼見築於坡道旁的圍牆，全是人們攀於矮牆的背影。我好奇地也找了一處縫隙，鑽入其中。就在成功擠入人潮，望見眼前景致時，我立即明白大家為何要齊聚在這了。——房屋、尖塔被夕陽曬得閃爍光芒的遼闊景象，瞬間征服我的目光⋯⋯

左彎入廣場，奔放的金色夕陽持續灑落在廣場的石材路面。導覽觀光車司機，聰明地跳過我，招攬前方的中年夫婦；學生群，聚集城堡門外聆聽導覽解說；而我，則繼續隨意漫步——沿著 Loretánská 街，路經相較於城堡廣場更為靜謐的蘿瑞塔教堂（Loreta），來到三個拱形門前方。猶豫了一會，我決定從左側拱門走入

裏頭。沒想到走入門後所銜接的小徑，裏頭竟安靜得可以聽見自己的呼吸聲。

循著單一路徑前進，左右兩旁是簡樸房屋、老舊車庫以及偶然可聽見屋裡對話聲的小窗子。少了喧嘩，民房裡的白櫻也探出了頭，在圍牆上優雅綻放。感受此般恬靜氛圍，闖入其中的我，莫名興奮了起來⋯⋯那時的感受，就彷彿在美好境地中，又找到一處秘境。

在腦海裡，我想像著恬靜巷陌於夜幕時分，被街燈點醒時的模樣——古城韻味與中世紀神秘氣息⋯⋯肯定在那天色裡，被發揮得淋漓盡致了吧⋯⋯

77

抹上晚霞色調的查理大橋與伏爾塔瓦河

返程路途，晚霞色調越來越濃，氣溫也開始轉涼。走入尖塔旁的階梯，我不自覺地佇足。再一次站在布拉格高點，我才發覺——鋪滿眼前——以橙色屋瓦構築的市景，似乎隨時都有令人陷入心醉神迷的可能。

前方情侶，牽手緩步觀賞畫廊櫥窗，我則以快一些的腳步，一路下坡走往塔橋。抵達時，夜幕時分下的塔橋石牆紋路，已不如白天那般清晰。然而，塔橋拱形結構，卻在此時，勾勒出更為分明的輪廓線條。輪廓中，高掛天際——介於盈凸月與滿月間——的月亮，使暮色下已有六百多年歷史的查理大橋，添上幾許平靜與柔和。

走上老橋，眼見色彩與暮色呈對比且沉穩的伏爾塔瓦河（Vltava）悠緩流淌，在人潮中，我隨其姿態，也放緩了腳步。這一次，總算也佇足幾座雕像前方，瀏覽之中細節。

其中，頭部圍繞五顆星芒、手持棕櫚枝葉的人物，是被人們稱為「沈默天使」的臬玻穆的若望（Jan Nepomucký）。臬玻穆的若望於14世紀，出生於波希米亞王國，14世紀末曾任布拉格副主教，同時也是波

希米亞王后的告解神師。據傳說，波西米亞國王瓦茨拉夫四世因擔心其妻另有情人，因此令臬玻穆的若望說出其妻情人的姓名。臬玻穆的若望因為拒絕透露，因此被國王淹死於伏爾塔瓦河。其「沈默天使」一名，正由此而來。又傳，在臬玻穆的若望被投入河裡時，伏爾塔瓦河水面湧出神奇星芒。此原因，使其於死後，成為抵禦洪水的主保聖人（似河神）。老橋上的雕像，也因此有著五顆星芒。

站在21世紀，遙想14世紀的傳說，成了走入曾為波希米亞王國首都——布拉格老城的一種獨特體驗。

隨分針轉動而溫和，內斂，深邃直至黑夜的浪漫景致

天氣晴朗的一天，走過跳舞的房子以及由河水沖積而成的斯洛萬斯基島，我與一日前也抵達布拉格的Y，相約走午後旅程。

自不明顯的大門，走入藤編椅子、籃子、吊燈相繼出現的長廊，再由長廊進入色調淡雅、粉白的室內空間以及明朗翠綠的戶外陽傘區。未嚐餐點，進入空間的方式，已讓我對由裡而外皆適合慵懶下午四點的 Styl & Interier，充滿好感。進入裏頭，就似於熱鬧的八街九陌中，尋得清閒後花園。

在 Y 也抵達後，我們點了啤酒、冰咖啡以及一盤生肉片，開始分享各自的旅程。當 Y 欣喜描述起前一晚拜訪捷克朋友——在午夜後於布拉格街道裡歡笑、暢飲啤酒——的過程。我從她發亮的眼神裡，感受到——旅途中，人與人留予彼此的回憶，比什麼都還珍貴。

在 Y 提議於夜幕以前一同前往瞭望塔後，我們接著出發前往下一站。就在抵達站牌時，我才恍然大悟——Y 所說的瞭望塔，正是昨日傍晚因小朋友的嬉鬧聲，而偶然走入的公園後山。此日，由於天色漸藍，為見夜幕降臨前的市景，我們略過公園步道，選擇捷徑——搭乘纜車直達外觀似小型艾菲爾鐵塔的佩特任瞭望塔（Petřínská rozhledna）。

領著票券，登上觀景台階梯——除了強勁的冷風別有真實感外，眼前一

切……如夢似幻，完全不真實。布拉格城堡（Pražský hrad）氣宇軒昂地聳立布拉格天際；橙色屋簷裡閃動的顆顆燈火——遠望，就似閃灼夜空裡的星芒；蜿蜒在城市裡的公路以及隨公路曲線拉長的路燈線條，也在深色蒼穹下，更顯清晰了。

在塔上待了足足四十分鐘，我們終於心甘情願地離開瞭望塔。至今，我仍記得，從塔下步行回到纜車搭乘處……我們是如何在一團黑——幾乎沒有燈光——的場景中，配合氛圍，聊起在巴黎與里爾的驚魂事件。我說起塞納河畔，Y 則說起與一名朋友在里爾公園跑步時，被兩名黑人拖至角落，要求交出手機（那時剛推出的 iPhone 8）的經歷。她說，後來她連一個人去北歐，在夜間看見腳踏車從後方過來，都會緊抱著背包，甚至根本不帶東西出門。

諸如此類的話題，讓我們不知不覺越走越快。真不知當時的我們，為何要這樣嚇唬對方。也許是因為這些事情在發生且安然無恙以後……講起來，都會莫名覺得自己有那麼點……英勇，而藉此壯膽吧。直到安全抵達纜車搭乘處，我們終於鬆了一口氣，也感謝、慶幸此時有彼此相伴。

沒有昨日的偶然，或許就不會走入草木青翠的公園；而此日，若少了 Y 的相伴，也就無法如此安心地瞭望布拉格夜色了。一趟美好旅程，也許就是由一點一滴的「剛剛好」所組成的吧。

Vienna,
Austria

維也納，奧地利

整座城市彷彿約好似地，以一幢又一幢米白、淡色宏偉建築、雅緻府邸、輕巧藝廊誘惑著旅人，總讓人有運用浪漫、典雅等詞彙的理由。然而除了米白，藏於維也納的，還有自十八世紀展開璀璨歷史的奢華歌劇院、哈布斯堡王朝冬宮與夏宮——霍夫堡宮、美泉宮以及茜茜公主的故事……

由布拉格市中心朝熱鬧氛圍漸退的郊區移動，車窗外的建築由新穎、華麗轉換為簡樸平房。濃綠色樹林、穿透林間的日光、一點一抹點亮草坪的小黃花，接續成為延展於高速公路兩旁的舒緩景致。而一一變換的場景中最令我難忘的，是莫名可愛的小農舍隨機冒出田野間的景象。

四個鐘頭以後，田園風光再次轉換進入華麗大街，此時，也正是抵達奧地利首都——維也納的時候了。

於美泉宮，淋一場大雨

早晨一步出旅舍，盤旋在天空裡的氛圍，立即驗證了氣象預報的精準度——雲朵正在聚集。速速步往地鐵站，乘上車廂。此日，我打算前往曾為神聖羅馬帝國、奧地利帝國與奧匈帝國之王宮的美泉宮（Schloss Schönbrunn）。

抵達時，不出所料，廣場裡已刮起陣陣帶有水氣的強風。忽明忽暗的天色，使美泉宮也更彰顯其巴洛克藝術風格的戲劇張力。

美泉宮，座落在維也納西南部。14 世紀初，此地曾名為卡特爾堡。16 世紀，神聖羅馬帝國皇帝馬克西米連二世買下此地，此區便從此成為哈布斯堡王朝的狩獵地與花園。據傳 17 世紀初，神聖羅馬帝國皇帝馬蒂亞斯某日於此地狩獵時，發現一座美麗湧泉，飲用泉水後，驚覺甘甜清爽，便將此泉命名為「美泉」。後來，熱愛狩獵的埃萊奧諾拉‧貢扎加皇后（斐迪南二世的妻子）建造宮殿時，將「美泉」一名沿用於此地——宮殿也因此有了「美泉宮」一名。

1683 年發生維也納之戰（鄂圖曼帝國軍隊圍攻維也納）後，被燒毀、破壞，又經重建的美泉宮，再次展開輝煌時代，是在 18 世紀初——查理六世將美泉宮贈給女兒瑪麗亞‧特蕾莎的時期。喜愛美泉宮的瑪麗亞‧特蕾莎繼承宮殿後，展開大規模增建、改建。皇宮側翼的劇院、洛可可藝術的內部裝潢、富巴洛克風格的花園以及德國藝術家的雕塑作品，皆為此時期的建設。經精心打造，美泉宮正式從狩獵寢宮成為帝國皇宮。而今日走訪美泉宮，還可見 19 世紀初，神聖羅馬帝國

84

弗蘭茨二世在位時，於宮殿正面所漆上的淡黃色色彩。內部則有王朝留傳的寢具、家具、裝飾品……。

　當天，我的腳步隨語音導覽的解說節奏，移動在鍍金粉飾、掛有歷史人物肖像畫、擺放華麗寢具及家飾品的展廳間。其中，使我佇足最久的，是過去曾用於接見外國使者，以中國藍白瓷器為主題之壁紙佈置牆面、以西方吊燈妝點天花板的藍色中國廳。步入其中，我才發覺，原來東、西方的結合，能夠迸發出如此微妙的韻味。

　導覽故事來到尾聲，走回至戶外，經雨水沖刷的宮中庭園，透著春日花朵綻放的清香，花瓣上，還可見雨水滴落的痕跡。經細心修剪的樹籬、設計理念出於古羅馬歷史與希臘神話的雕像，也各自有條不紊地排列、佇立花園中。朝噴泉方向走去，我接著登上因下過雨而路面泥濘的山丘，來到能夠瞭望美泉宮及其後方市景的羅馬式觀景亭——Gloriette。就在遠望市景時，城市上空的烏雲又再次聚集。為了能趕上需提前排隊購買的歌劇院站票，我卯足了勁，拔腿奔下坡。結果，還來不及到達遮蔽物下方，扎實、斗大的雨滴已迅雷不及掩耳地斜下在 2.6 萬平方公尺大的美泉宮裡……

　於美泉宮最深刻的記憶，除了哈布斯堡王朝官邸的富麗堂皇，就是這場讓鞋子幾乎成了水瓢的猖狂（會飛的）大雨。然而，與美泉宮淋著相同的雨水……，或許也算是一場特別的洗禮吧。旅行至此日，漸漸發覺自我安慰（安撫）也是一種學習啊。

潛入歌劇院，享受一場奢華、頂級歌劇饗宴

曾經，我以為獨自旅行，想聽一場古典歌劇，是遙不可及的夢。然而，來到為發揚、永續傳承歌劇文化的音樂之都——維也納，我卻意外地圓了這場夢。得知能夠以 3 或 4 歐元（約台幣 150 元）的站票觀賞頂級歌劇，我便選定旅程裡會下雨的一天，前往歌劇院。而下雨的那天，就是今天。穿著在美泉宮裡被淋成似水瓢的鞋，下一站，我來到維也納國立歌劇院（Wiener Staatsoper）。

維也納國立歌劇院，建於 1861 年至 1869 年，以新文藝復興風格建造。1869 年 5 月 25 日，歌劇院以莫扎特的《唐·喬凡尼》為首場演出，便從此展開了音樂之都歌劇院的璀璨時代。

從美泉宮來到歌劇院，我先是在外圍繞了半圈，直到詢問到站票售票窗口的位置，才快步前往深色大門。當時，一拉開門——距離售票時間仍有四十分鐘——裏頭卻已有長排隊伍正等候站票開賣。靠著牆坐下來，我觀察前後以消磨時間。前方估計同為單獨旅行的男子，正專注地翻閱地圖；一

86

名坐在自備折疊凳子上的老奶奶，則悠然地讀著手裡的書。看她自得其樂且配備齊全，我猜想，老奶奶可能是站票區的常客喔。搞不好明天來，還會看到她？

終於，售票員出現，大夥們紛紛起身，移動腳步前往購票。手裡拿著等候近四十分鐘才買到的 4 歐元站票，我總算進入歌劇院大廳。高貴華麗的吊燈、壁面、天花板、音樂家的半身雕像、女士們身著各色洋裝、肩披絲巾走入大廳——歌劇院裡……無一處，不讓我在腦海裡遐想 19 世紀時歌劇院內的盛況。

入場時間一到，一位身著寶藍色襯衫的女士，目光灼灼地開始為站票區的我們解說歌劇院內的注意事項與規定。演出前的最後幾分鐘，坐票區觀眾，開始以歌劇院的傳統方式——將優雅、細緻的絲巾繫於座位；而站票區的我們，則拿出任何可以繫在杆子上的物品——外套、傘套、毛衣、圍巾——標示各自的地盤。對比之下，真是突兀而有趣。

環繞劇院的暗紅色座椅、布幕、金黃色燈光，十足華麗且貴氣。燈光一暗下，因歌劇故事內容而令人毛骨悚然的開場畫面，便於樂團的伴奏下揭幕。演員的一舉一動——神情、姿態、聲調，成了觀眾目光聚集的焦點；默契十足的演奏樂團，則扮演使觀眾更為投入歌劇情節的重要角色。能以 4 歐元的票價體驗一場頂級歌劇演出——太幸運了。

不過，就在歌劇持續足足三個小時，來到中場休息的時間，我的雙腳還是決定投降了。建議想舒適欣賞歌劇表演的人，還是買張價格可接受的坐票喔。

走訪霍夫堡宮，認識奧地利帝國及奧匈帝國王后——茜茜

走訪了奧地利藝術家佛登斯列・漢德瓦薩以繽紛色塊與植物妝點壁面的百水公寓（Hundertwasserhaus）以及夾雜嫩葉之櫻花、蓓蕾初放的鬱金香、輕盈柔軟的蒲公英各處奔放、飄散的多瑙公園（Donau Park）。此日傍晚，我來到13至20世紀，持續進行擴建工程的哈布斯堡王朝冬宮——霍夫堡宮（Hofburg）。

走入茜茜公主博物館，語音導覽、歷史物件、圖片、服飾以及筆跡……繼美泉宮，再次引領我認識奧地利帝國及奧匈帝國王后——茜茜（Sisi）。

茜茜公主——伊莉莎白・亞美莉・歐根妮（Elisabeth Amalie Eugenie）出生於巴伐利亞的貴族家庭。由於自幼生長於管教風格自由的家庭，且有一位熱愛馬術、性格不拘小節的父親，茜茜從小就培養起對馬術、大自然以及無拘、自由生活的喜愛。在茜茜十五歲那年，母親與姨媽（蘇菲皇后）原計畫讓茜茜的姐姐海倫與表親——奧地利皇帝弗蘭茨・約瑟夫一世結為連理，

於是因緣際會下，茜茜便隨母親與姐姐一同前往上奧地利。會面過程中，出乎母親們的預料，弗蘭茨•約瑟夫一世愛上了擁有非凡美貌，舉止不拘小節的茜茜。一年後，弗蘭茨•約瑟夫一世不顧母親反對，娶茜茜為妻。而年僅十六歲的茜茜，也因此成為奧地利帝國的皇后，展開傳統、拘謹的宮廷生活。

成為皇后的茜茜，不僅以美貌被世人稱為「世界上最美麗的皇后」，她對於服裝敏銳的美感以及為了維持體態而嚴格進行的飲食、運動習慣，也成了世人對皇后充滿好奇的原因。然而，美麗的皇后茜茜因喜愛種種宮廷無法理解的事物——馬術、閱讀，在宮廷裡不僅過著孤立、拘謹的生活。生下兩個女兒及一個兒子後，更是被婆婆（蘇菲皇后）剝奪了對子女的撫養權。長期過著抑鬱生活的茜茜，在得知兒子（魯道夫）發生殉情事件後，更是從此陷入憂鬱深淵——自此之後，於眾人面前，茜茜就只穿著黑色服裝，打著皮製陽傘，且總是以棕色扇子遮住面容。

然而，除上述之外，茜茜——伊莉

莎白皇后的人生故事，最令我印象最深刻的，其實是「即使歷經各階段的打擊、孤獨、不被理解，茜茜仍將其所好融入一生當中的精神」。於文學，茜茜因著迷於荷馬著作、希臘文學，深入研讀希臘語；於詩歌，茜茜能自創詩集也能背誦出她最喜愛的詩人——海涅的詩集。海因里希•海涅（Christian Johann Heinrich Heine）是一名 19 世紀以「逃跑的浪漫主義者」形容自己的德國作家。其譏諷專制體制、貴族的文學作品以及旅行遊記，皆是茜茜心靈上的依靠。於旅行，茜茜則曾於法國南邊的蔚藍海岸——羅科布呂訥馬丁角、瑞士的日內瓦湖、南歐多國、北非甚至是土耳其……留下足跡。對茜茜來說，旅行是從束縛中，逃往自由的一種方式。聆聽導覽耳機裡的字字句句，我感覺到自己深深被茜茜吸引。在我心中，茜茜是一位捍衛自由且擁有自由靈魂的皇后。

於美泉宮裡，對茜茜所激起的疑問與好奇獲得了解答，我總算甘心地走出博物館，回到維也納街頭。

Budapest,
Hungary

布達佩斯，匈牙利

登上漁夫堡，眺望多瑙河優雅蜿蜒的曲線；

進入中央市場，享用溫暖的匈牙利牛肉湯；

入座紐約咖啡館，體驗彷彿置身宮殿中的金碧輝煌；

航行晴朗向晚的多瑙河，遇見曾以為是畫作裡才有的風景。

乘著古老地鐵，進入一岸蘊藏著歷史，一岸為繁榮商業地帶的布

達佩斯……我愛上了藍色多瑙河。

這一年，中歐與東歐的氣溫異常的低，抵達匈牙利首都——布達佩斯當晚雖已四月中旬，氣溫卻只有攝氏 4 度。穿上羽絨衣，我由老舊卻散發著親和感的地鐵站，走入剛下過雨的街頭——空氣裡，正透著雨後的濕冷氣息。

直直前行，有餐館、超市、藥妝店、酒吧、樂器行……，街道上的店鋪，與其他城市大同小異。然而，老舊、稍顯滄桑的氛圍，卻一路蔓延。直到抵達公寓大樓，我才發覺——我沒有數字密碼可進入大樓。就在輸入電子郵件給旅舍時，一名老爺爺突然從我後方出現，於是……我默默地跟著他走進大門，順利乘上僅能容納約四人的老舊電梯。不知為何，電梯緩緩上升時，我的心頭開始浮現一種……說不上的奇怪預感。

就在抵達貼有 Hostel 貼紙的門前，我按下門鈴——順利抵達旅舍了。門才一開，眼前場景立即驗證我的超強預感……在擺有一張小桌子的前台空間裡，淺綠色且昏暗的立燈，是窗外日光之外，唯一的光線來源。那時我的腦海中不受控制地出現一位身著紫色衣裳的算命女巫，情境是她正於充滿綠光的空間裡，替人們預知未來……。

還沒來得及回過神考慮是否要換個歇腳處，主人已開始替我辦理入住程序。有趣的是收費時，主人隨性將住宿費扣掉 1.26 歐元，收我整數價格（45 歐元）。完成付費後，我接著被領往更加昏暗——只有一盞天花板夜燈——的房間。……女巫的空間，若太明亮，神秘感會被破壞的……，況且，步行三分鐘至街角，就有間咖啡館了，沒事的……。試圖安慰自己時，想了想，一晚 9 歐元（約台幣 300 元），有張單人床可睡，也有熱水可洗澡，真的也沒什麼好發牢騷的了。而且這一切，其實也都始於自己的選擇。為了走更多地方，能省一點，就省一點吧（結果後來的五個晚上，我睡得都挺好的，只是離開布達佩斯以後，腰部兩側莫名的癢……應該是遇到小蟲了吧？）。

一場對話，讓自己再次意識到當下的難得與幸運

走進紐約咖啡館，體驗彷彿置身宮殿中的金碧輝煌

某日早晨，當我站在佩斯一側（多瑙河左岸）的馬路邊，觀賞佇立橋柱頂端——源於古代匈牙利神話之神鳥——的獵鷹銅像時，可愛的橘色電車正輕巧駛過以 333.6 公尺長橫跨多瑙河的自由橋（Szabadság híd）。

自由橋是一座建於 1894 年至 1896 年（1945 年曾因二戰嚴重摧毀而重建）的仿鏈型橋樑，過去曾以安裝最後一根銀鉚釘的奧地利皇帝兼匈牙利國王弗朗茨•約瑟夫一世命名。現今「自由橋」一名，則源於「蘇聯解放布達佩斯」的歷史。

轉過身，眼前即是以匈牙利牛肉湯著名的中央市場（Nagyvásárcsarnok）。瞧了瞧屬新哥德式風格的建築頂端——建築中的瓷磚色彩，竟與自由橋橋柱的薄荷綠與輕巧電車的橙色異曲同工。我不禁好奇，這是屬於布達佩斯的色彩密碼嗎？

走入設計、起建於 1897 年的市場，人們的喧嘩聲隨之灌入耳中。由最底層為起點，我展開在布達佩斯最大且最古老市場的參觀。地下一樓，有常見的連鎖超市，一樓攤販，則多為販售水果、蔬菜、甜點、肉類食品、辣椒的攤子。來到擠滿人潮的二樓，則有織布、皮包、紀念品以及誘惑旅人味蕾——對我而言最有吸引力——的熟食攤販。徘徊在匈牙利牛肉湯、豬肋排、香腸、油炸 Lángos 等小販前近十分鐘，我總算端著幾乎是兩人同享餐分量的食物，尋得一位難求的座位。

就在我大快朵頤享用豬肋排時，坐在一旁的兩名大叔，突然向我問起「妳來旅行嗎？」，回覆「yes」以後，我接著向大叔概略說明旅行原由並自

我介紹。猛然間，我才發覺——自己已不像剛開始旅行時，需經時間思考才能流暢回覆他人的問題，甚至也早已料到大叔會接著聊起什麼話題。原來，單獨旅行進入第三週的日子後，會自然延伸出這種能力。

接著，自瑞士來旅行的大叔，向我介紹起瑞士令人嚮往的少女峰、黃金列車、琉森湖……，雖然又是因旅費偏高，此次無緣排入旅程的地方，我仍然聽得津津有味。世界，真的好大！然而，在這段對話間，最令我難忘的，其實是自己分享旅程、旅行計畫後，湧在心頭的感受——分享後，稍稍陷入旅行倦怠的我，似乎，從麻木狀態——清醒過來了。原來分享，會讓自己認真地意識到當下——在旅途中——有多難得且幸運。

離開市場後，我走過偶然間就會踏入積水灘的柏油路，來到以華麗裝潢聞名的紐約咖啡館（New York Café）。一拉開門，裏頭似曾相識的擁擠場面、令人窒息的喧嘩聲、服裝打扮正式且看起來總是忙碌的店員……讓我想起維也納的中央咖啡館（Café Central）以及巴黎的花神咖啡館（Café de Flore）。三間咖啡館，皆是已歷經超過百年歲月，且曾為文人聚集的咖啡館，百年後，竟還

是那麼有默契——有默契地……皆成為旅人前仆後繼的地點。細想三者差別，論咖啡館延伸至街道的氛圍，花神咖啡館在我心中是首選；論建築外觀，中央咖啡館則是第一；而若是論內部空間金碧輝煌的程度，名列首位的，肯定非紐約咖啡館莫屬。

紐約咖啡館開業於 1894 年，20世紀初曾為眾多文人流連、聚會的社交場所，也曾為匈牙利文學雜誌《Nyugat》的辦公室。歷經二戰的破壞，咖啡館曾於 1954 年重新開業。2006 年時，又因經營者的轉變而進行一次整修。而其之所以名為紐約咖啡館，則是由於此建築原是為了紐約人壽保險公司而建。

雖然免不了遊客如織的盛況，但若想體驗置身宮殿裡，無一處不精緻的華麗感，走入以壁畫天花板、威尼斯水晶燈、拱頂走廊、粉綠色與金色交錯之樑柱、石紋壁面所妝點的空間，絕對不會讓你失望。

走過鏈橋登上漁夫堡，一覽多瑙河優雅蜿蜒的曲線

來到布達佩斯的倒數第二天，總算放晴。為把握時機一睹日光照射、流轉其中的布達佩斯，一早，我便拎著後背包啟程，走過橫跨多瑙河的鏈橋——由佩斯（多瑙河左岸）來到布達（多瑙河右岸）一岸。

於 1849 年完工的鏈橋（Széchenyylánchíd）是一座由伊斯特凡•塞切尼伯爵為使匈牙利現代化，而資助、請英國工程師設計的鑄鐵懸索橋（因此也名為塞切尼鏈橋）。今日所見，是橋樑於二戰後重建的模樣。對布達佩斯來說，鏈橋不僅象徵此城於 18 至 19 世紀的迅速發展，同時也象徵著——民族的覺醒。

或許是因為時間較早亦或旅人之間的默契，從布達一岸登上城堡山的路途裡，持續著一股清閒、靜謐的氛圍。抵達山頭後，揉了揉眼睛，望向右側——多瑙河的蜿蜒曲線，置入眼底！那時，我想起曾讀過的一句話——「站遠一點看，看得更完整，更美好」，眼前景致，活生生地驗證書中字句。有了足夠的距離，不僅是多瑙河在我眼裡優雅蜿蜒，遼闊市景以及以 375 公尺長橫跨多瑙河的鏈橋，也正落落大方展現著布達佩斯的魅力。

順著人流，路經幾間店外陳列著明信片的藝品小店，接著，我來到馬提亞斯教堂（Mátyás Templom）。馬提亞斯教堂是一座歷史可回溯至

13 世紀，19 世紀末曾歷經改建的哥德式建築。其外觀值得特別留意的有屋頂中來自匈牙利第五大城市——佩奇（Pécs）的 Zsolnay 瓷磚以及頂部嘴銜戒指的烏鴉。

　　再往前走一點，著名的圓尖頂碉堡——漁夫堡（Halászbástya）即在眼前。漁夫堡於中世紀時，曾為魚市場與漁人活動的地點，現今所見——同時體現羅馬式與哥德式風采——的象牙色碉堡則為了迎接匈牙利千禧年（1896 年），而於 1895 年建造的建築。（「匈牙利千禧年」一詞的來由，源於西元 896 年匈牙利人隨阿爾帕德大公（Árpád）率領，定居於喀爾巴阡盆地的歷史。896 年至 1896 年，恰好滿千年，因此 1896

被稱為匈牙利千禧年。）

　　同日傍晚，我在多瑙河左岸，買好夜晚 7:50 的遊船票券，便為晚霞景致，再次登上漁夫堡。眼見國會大廈與一旁建築被日落餘暉染得又暖又紅……，即使是重疊的腳程，也都值得了。

　　夕陽落下，濃烈雲彩逐漸緩和，沿著民宅旁坡道，我接著走回至鏈橋橋頭。當時，下了整整三天雨的布達佩斯，彷彿在獎勵耐心等候美景的旅人，天空、四周，又流動起另一種動人色彩——粉紫天色下，紫色小花在河畔隨風搖曳，左岸船隻的小燈泡也紛紛被點亮了……

20:09

19:50 抵達乘船處——「藍色」多瑙河終於現身！之所以說「現身」，是因為在布達佩斯的整整五日裡，這是我首次，真正眼見耳聞許久的多瑙河的「藍」。真的好藍……好美。等候乘船時，大人、孩子的臉上，皆洋溢著興奮、期待的神情。船隻靠岸後，大夥們紛紛入船、跳入座位。待馬達聲響起——一場浪漫、流動的視覺饗宴，開始了……

多瑙河是一條水源源於德國最大森林山脈——黑森林地區，最終流入黑海的河流。全長共2850公里，是世界上流經最多國家（中歐與東歐共十國）的河流。而流經布達佩斯的區段，因有宏偉、華麗建築以及橋樑妝點，因此成了多瑙河流域中最令人們所驚嘆的區域。

順著船身移動，航行中，首先映入眼簾的，是布達城堡的金色燈火映在淺藍水面的畫面。畫面裡近乎對比的色彩，讓河水顯得柔和，也彰顯了燈火的明亮、璀璨；行經鏈

20:22

橋以前，倒映、蔓延在趨於暗藍河水中的燈光與水紋，使我想起梵谷描繪法國南部隆河的畫作——《隆河上的星空》。曾經，我以為此般浪漫場景，是透過畫家的浪漫靈魂去調色、描摹，才得以看見的風景，然而，航行於多瑙河，我才發覺——由畫家淋漓盡致描繪的景色，原來真的存在。

隨著自耳機流入耳中的歌詞與旋律，我沈浸在如夢似幻的景色中，直到時間來到 20:22，終於——我也明白了布達佩斯為何名為「多瑙河明珠」。白天裡雄偉壯觀的國會大廈，此時，璀璨輝煌……，多瑙河河畔裡，最富麗堂皇的景象，就在這兒了。

直到下船步行回旅舍的途中，甚至是敲打鍵盤的此刻——閉起眼，聽著同一首曲子……，多瑙河彷彿又再次，以令人沈醉的姿態，流動在我身旁……。它的美，是見過一回，便讓人念念不忘，且每每想起時，總能再次被感動的那種美……

Athens,
Greece

雅典，希臘

巷道、車廂裡，感受隱約包圍城市的凝重感；

屋牆塗鴉中，看見繽紛、創意以及與世無爭的清閒；

走入雅典衛城，體驗建築奇蹟所詮釋的古樸、美麗與神秘；

登上亞略巴古丘陵，一覽寧靜古老、現代冗雜兼容並蓄的景象。

雅典——一座充斥對比，卻又將對比的一切微妙融合的城市。

自 47° 29′ N 向南飛行，凌晨一點，飛機降落在緯度、氣溫皆與布達佩斯相差近十度的 37° 59′ N ——雅典。

雖然第一次體驗過夜宿機場的精疲力竭後，就曾告訴自己——別再睡機場。然而此日，以一人旅行的安全為考量，我仍然再次（第三次）夜宿機場。

蜷縮在機場裡的藍色座椅，我重複播放手機裡僅有的幾首歌曲，在日記裡向三個月前的自己抱怨為何要訂下在這時間抵達的班機（無非是為了省錢），偶爾起身走走，偶爾捏一口在背包裡被壓得又扁又碎——扁到我有點不好意思拿出來，拿出來還會碎掉——的小麥土司。不知為何，整整五個鐘頭，我就是睡不著，看起來可能還很忙。

直到陽光終於灑落雅典土地，清晨六點，我乘上公車，前往雅典港口（Piraeus）。一路上，充滿天然與慵懶模樣的風景——黃綠色山丘、橄欖綠植物、葉綠色海灘松、寫著可愛希臘文字的純樸房屋、左側豔陽下閃爍波光的蔚藍地中海……，已讓我開始期待與雅典的相遇。

巷道、車廂裡，感受隱約包圍雅典的凝重感

登上亞略巴古丘陵，一覽融合寧靜古老與現代冗雜的城市景象

入房時間未到，將行囊擱放在旅館的小倉庫裡，我便出發走入周邊巷弄。服飾店、咖啡店、麵包店、早餐店……，其他城市裡有的，在我想像中是一座古老、神秘城市的雅典也都有（對於雅典，我原憑詞彙所想像的，大概是會在街頭遇見身穿白衣裳之哲學家的場景……）。不同的是，細看人們的神情，隱約可感覺到當時的雅典，因經濟因素所延伸出的凝重氛圍。

從巷弄裡的商店一路晃到港口旁的雜貨店、小餐車，我唯一從商店裡帶回旅舍的，是麵包店裡一盤又一盤形狀有趣，在櫥窗內召喚我 try something new 的克魯利（Koulouri）。圈狀、條狀、波浪狀、形狀似韓文字的克魯利，在希臘名為 Koulouri，在土耳其則被稱為 simit 或 gevrek。據傳 Koulouri 是源於希臘第二大城——塞薩洛尼基的傳統麵包。常見配料有芝麻、罌粟、向日葵種子……，傳統品嚐方式為搭配茶飲享用。現今走訪雅典街頭的早餐店、麵包店、超市，幾乎皆可見克魯利的身影。

拾著裝有克魯利的紙袋，回旅舍整頓行囊。休息沒多久，我便將重要物品鎖入背包、在平時放水壺的位置塞張紙本地圖，動身前往地鐵站，朝景點區出發。此段移動過程，看似與跳上其他城市的地鐵沒什麼不同，然而在規律晃動的車廂裡，我所感受到的，卻是一股

或大或小，隱約包圍車廂的沈重感。印象很深的，是三名女子不停眉來眼去、盯著我的背包，並技術性地將我擠往車廂角落。我提高警覺，擺出在巴黎習得的神情，戰戰兢兢整整二十分鐘……。抵達地鐵站時，抱著背包快速踏出車廂，我才終於鬆了一口氣。出站後，地鐵站外充滿觀光客身影的場景，讓我找回了一點安全感。雖然事實上……觀光客越多，扒手出沒的機率也就越高。

由喧嚷的莫納斯提拉奇廣場（Μοναστηράκι）一路經過曾為奧斯曼帝國清真寺的希臘民間藝術博物館、色彩繽紛的布料攤販、散落土壤間的尺橡片瓦以及供旅人躲避地中海豔陽的餐館，我來到亞略巴古丘陵（Άρειος Πάγος）。

亞略巴古丘陵（希臘語：Άρειος Πάγος，英語：Areopagus hill 或 Areios Pagos）位在雅典衛城西北方。「Pagos」一詞，在希臘語中意為「大塊岩石」。羅馬人曾稱此地為「瑪爾斯山」。古典時期，此地也曾為雅典刑事與民事案件的高等上訴法院（因此此地也名為戰神山議事會）。

站在丘陵岩石上，我的目光順著腳底板的移動，以 0 至 360 度的各種視角瀏覽稍顯冗雜的雅典市景、蓬鬆可愛的樹叢、頂著紅屋頂的阿塔羅斯柱廊（Στοά του Αττάλου）、羅馬帝國時期曾為雅典市場的羅馬阿哥拉（Αγορά）、赫淮斯托斯神廟（Ναός Ηφαίστου）、壯觀聳立的雅典衛城（Ακρόπολη）……。前一秒，看似寧靜古老；轉過身，慵懶、明媚；拉遠目光，又是新、舊房屋交織座落的紛繁景象。雅典，真是一座……神奇——於我而言充滿視覺衝擊感——的城市。

湊合二十一世紀的聲響，遊走羅馬帝國時期與西元年前的景色

傍晚四點多，已趕不上雅典衛城的最後售票時間。循著和煦日光輕輕躺入巷道裡的身影，我再次回到氛圍平和、枝葉影子午睡在僻靜角落的小徑。那時，手錶指針於刻度間前進的速度，彷彿緩了下來。

沈浸柔和、慵懶氛圍不久，我接著來到銜接古老道路的巷道盡頭。當時，哈德良拱門（Αψίδα του Αδριανού）隔著一條大街，氣昂昂映入我眼中。雅典，又一次以它的古老、神秘令我著迷。當時，我不禁想

像——穿越薄薄的古羅馬拱門，是否就能夠穿梭回到遙遠的羅馬帝國？旅行進入第四週，我也漸漸開始習慣自己越來越頻繁的自言自語。

回溯哈德良拱門的歷史，首先得先提及羅馬帝國五賢帝之一——哈德良。哈德良皇帝是一位景仰、崇尚希臘文化的皇帝，在位時，他曾試圖將雅典建為帝國的文化中心，因此不僅將大量財物捐獻於雅典，也於此城建設眾多神廟。公民之所以建造哈德良拱門，正是為了向哈德良皇帝致敬、表達謝意。

近觀以大理石建造的拱門後，我的
腳步，接著進入為祭祀古希臘最高神
——宙斯而建的奧林匹亞宙斯神廟
（Ναός του Δία στην Ολυμπία）。站
在黃綠色草坪上，歷經久遠歲月留存
下來的殘垣斷壁，散落四周；神廟建
築中僅存的十五根壯觀石柱，佇立、
平躺草坪中央。即使已不見神廟於西
元前 456 年建造完工時的恢宏規模，
佇立科林斯柱式石柱前——我的思緒
仍強烈地被眼前高聳、雄偉的景象所
震懾。凝神注視石柱的當下，幾十分
鐘以前走過的喧嚷廣場、慵懶小徑，
都像是發生在另一個時空那麼遙遠的
事情。

走回熙攘街道，聽見夾雜車水馬龍
間的喇叭聲——時空，又飛回到了
二十一世紀。湊合二十一世紀的聲響，
遊走西元年前的景色，成了我在雅典
旅途裡，最新奇的體驗。

　　登陸聖托里尼島與米克諾斯島後，航行愛情海回到雅典，隔日，我以雅典衛城為目的地，跳上地鐵，再次穿梭巷道、石階，感受此座城市。

　　在地鐵上，走馬看花地瀏覽窗外畫面——褪色的紅、藍、綠色遮陽棚，一面又一面現身戶戶民房的閣樓；走過巷道——奔放色彩、繁雜塗鴉，被盡情揮灑於石牆；跳上石階——慵懶旋律則隨街頭藝人的指尖，流轉橄欖樹下。雅典，雖說因

經濟因素，籠罩著一股鬱悶氣息，多走幾些路，會發現——城市角落裡，其實也蘊藏著繽紛、創意以及與世無爭的清閒。

　　進入衛城之前，攀在欄杆外，我首先由下窺探可容納 17000 人的狄俄倪索斯劇場；登上山丘，則由上俯瞰可容下 5000 人—— 1950 年曾進行翻修，結構相對完整——的希羅德•阿提庫斯劇場（Ωδείο Ηρώδου του Αττικού）。兩座半圓形，在山丘裡漸層堆疊而上的石砌劇場展開眼前，只有壯觀、壯闊可以形容。想像人們分別於西元年前與一千八百多年前聚集劇場觀賞表演的畫面，我頓時覺得……文明的形成與積累——從悠遠世紀將文化流傳至今——著實為一件巨大、偉大且不可思議的工程。

　　跨入在希臘語中意為「在門之前」的普羅皮萊門（προπύλαιον），耀眼日光，正流轉米白、米黃色大理

石間——巨大澎湃結合萬丈光芒，
令人屏息。

　進入衛城，不需地圖，憑著對
歷史課本的印象，我很快就找到
了氣勢磅礡、典雅的帕德嫩神殿
（Παρθενώνας）。帕德嫩神殿，
是一座於公元前 5 世紀中期，由建
築師、雕刻家一同打造的建築。在
歷史上，曾作為提洛同盟（希臘城
邦所組成的聯盟）的金庫、紀念處
女的天主教教堂、鄂圖曼土耳其帝
國的清真寺與土耳其軍用火藥庫。
歷經長遠歲月，現今，則是充斥著
神秘魅力、舉世聞名的世界文化遺
產。繞著建築外圍走，數著樸素、
堅實、穩固，高度達十公尺的多立
克柱式圓柱……，好壯觀、好美。

　接著，來到同樣建於公元前 5 世紀
的厄瑞克忒翁神廟（Ἐρέχθειον）。
此神廟，則是為了供奉智慧女神雅
典娜、海神波塞頓與傳說中之雅典
國王——厄瑞克透斯所建。由於採
用具漩渦狀柱頂與下方基座的愛奧

尼柱式圓柱，其所呈現的風格，較
帕德嫩神殿，更為細膩、優雅。

　跨出普羅皮萊門，震撼感受仍迴
盪在我心頭……。離開衛城，在我
心中的神殿、劇場，已不僅僅是教
科書裡提醒人們遠古文明之巨大
的歷史遺產，更是一次詮釋——古
樸、神秘、美麗三個詞彙的偉大遺
跡。

Santorini,
Greece

聖托里尼島，希臘

明朗早晨，融入藍與白，沈浸伊亞的悠然、愜意；日落一刻，於人潮裡，感受數份感動匯聚形成的暖流；晚霞時分，遊走又紅又暖的島嶼，觸摸夕陽於各處所殘留的餘溫；餐盤敲擊聲奏起的夜，凝視燈火閃爍的房屋群⋯⋯

走入聖托里尼——時時刻刻，都有任由思緒遨遊、腳步輕快的理由。

　　為趕上清晨船班，五點整，起床漱洗後，我便帶上一大一小的行李，恍惚前往碼頭。微涼的風，穿梭雅典街頭、拂往臉頰，此日，就要乘船前往頗負盛名的度假小島——聖托里尼（Σαντορίνη）。

　　抵達港口，乘坐手扶梯進入船艙。各式座椅、販售簡便餐食與咖啡的吧台，分佈船艙各處。然而整艘船裡，最令我難忘的一處，莫過於能夠瞭望廣闊海景的露台區。

推開門，由室內走往露台，不畏強風的人們，早已入座白色桌椅，享用飲品、開心暢談、瞭望大海。而我，一面觀察他人，一面適應強勁海風，朝掛有希臘國旗的船頭走去。

站在船頭欄杆旁，將目光直直投向無邊界的遠方——水色時淺時深的愛琴海（Aιγαίο Πέλαγος），好美⋯⋯!

愛琴海，位在巴爾幹半島與小亞細亞半島間，屬地中海的一部分。除了土耳其沿岸海域，整個愛琴海，幾乎都屬於希臘。若要探討「愛琴海」一名的由來，可先將腦中思緒，拉至悠遠古老的希臘神話。在希臘神話中，雅典曾在戰爭中戰敗克里

特島國王米諾斯，因此每年須派數名少年與少女前往克里特島，以奉祭島上怪物。一次，雅典國王——忒修斯在前往克里特島前，曾與父親埃勾斯約定，若成功殺死怪物，返航時，便會將白帆掛上船隻；若失敗，則掛上黑帆。後來，忒修斯成功殺死了怪物，返航時，卻因受到——愛上他卻被他拋棄於奈克索斯島的——克里特島公主的詛咒，未掛上白帆（另一種說法是忒修斯因受威脅，將公主遺棄後過於悲傷，而忘記掛上白帆）。眼見返航船隻未掛白帆，埃勾斯以為兒子已身亡而悲傷地跳海自盡。從此之後，此片海域便有了以「埃勾斯」之名命名的「愛琴海」一名。

往船尾一側走去，船舶航行所留下

的痕跡——白色波紋，不斷拉長於海面。優美而自然的白浪線條，此起彼落地形成，拉長，消失。形成，拉長，再消失⋯⋯。許久未見大海的我，瞭望此般景象，只有不停讚嘆⋯⋯心頭感受，正如眼前潮水翻騰般⋯⋯洶湧澎湃。

終於，船長的廣播聲在船艙裡響起，大家紛紛起身，朝底層船門前聚集，準備靠岸。上岸後，呆若木雞的我，尚未找到當地巴士的搭車處，就先被工作效率超好——招牌上寫著「Bus」——的私人公司拉上車。半狀況外地乘上九人座廂型車，前往伊亞的路途，繼續展開。

途中，起初出現於窗外的景色，是隨髮夾彎交替出現的石壁間花草以及蔚藍海面；在車子駛入黃綠色草坪間的平坦公路後，映入眼簾的景致，接著轉換來到分散佇立田野中的簡樸房屋、排列道路兩旁——似巨版鳳梨——的棕櫚樹。

無論近距離景色如何變換，有大海於後方作為背景的所有畫面，都是那麼的天然、寬闊、令我心動⋯⋯

19:49

夕陽落下後，島嶼又紅又暖

中途經費拉（Fira）轉乘當地巴士，完成二十多分鐘的車程以後，我總算抵達聖托里尼島西北端小鎮——伊亞（Oia）。

走過以石子鋪成的路段來到當晚落腳處，一名笑容靦腆、皮膚曬成健康小麥色的男孩領我前往客房，替我解說房內設施，接著將傳統銀色鑰匙交給我。男子離開後，我開始觀察既沒有海景露台，也看不見海的單人房。入門後，客房一樓，有設備完好的浴室、小型餐桌；走往下方短階梯，有盞簡單燈泡以及一面——晚上回去，我通常不敢直視的——大鏡子（它的模樣、色彩，總讓我想起美術館裡的……埃及古文物展區）。走往上方短階梯的閣樓空間，則有張須坐著才不會碰到拱形天花板的大雙人床。

以我所支付的價錢而言，由希臘色彩——藍與白——以及暖色燈光所妝點的房間，算是挺不錯的了。若要說有什麼美中不足，大概只有房裡濃濃的濕氣吧。但也沒關係，走過石子路來到旅舍的途中，我早已決定——在有預感將會是處處可愛且美麗的伊亞……走到哪，就呆坐到哪吧！

重新整頓好需隨身攜帶的物品，再買捲 Pita（烤肉捲），我便朝

`20:13`

`20:42`

觀夕陽平台的方向出發。那時，島嶼色彩已不如剛抵達時那般明朗。原本呈橄欖綠、土黃色的山脈，由夕陽，抹上一層橘紅，柔和了起來。路途裡的房子、矮牆、路面，也個個散發著艷陽消退後所殘留的餘溫。看著一路上與我走著反向路線，臉上洋溢心滿意足笑容的人們，我猜想，今天大概是趕不上日落時刻的海景了。

　抵達時——果然，太陽已沉入海平面，僅剩晚霞，仍伴隨不願告別餘暉海景的旅人。望著眼前絢爛燈火與沈穩海面，突然，我想起大學曾為準備課堂作業而見過的風景圖。沒想到，當時令我憧憬而列入未來必親眼目睹的風景畫面，此時，已活生生展開在我眼前……。

　往前走幾步，就是大海與海灣；後退幾步，就是白色房屋傍火山地形而建的童話景致。此時，我聽得見餐館傳來的餐盤聲響，看得見從遠方緩緩靠岸的船隻，觸摸得到地中海乾爽、舒服的風……。這一晚，即使仍未見堪稱世上最美的伊亞日落，當下所有，已足以讓我感動得亂七八糟……

　最終，曲線優雅的上弦月，靜靜躺在深邃海平面上；涼爽微風，隨天色轉藍，陣陣吹往我的身子。戴上耳機，我的思緒再次邀向虛無縹緲，卻又因美景彷彿觸手可及的夢境。

數份感動，匯聚成無形卻巨大的暖流

　　半睜著眼，環視左右──伊亞的陽光，已由藍色木門的縫隙間闖入房間。意識到自己「平安度過夜晚，醒在伊亞」時，我的心頭頓時浮現……好感謝的心情。感謝世界是安全的，感謝重要的人在地球另一處安然無恙，也感謝兩個月前只知道「必須上路，才不會後悔」的自己將希臘排入旅程。

　　多肉植物慵懶地躺在白牆上曬日光浴；小貓、小狗愜意地趴在屋牆邊發呆、呼呼大睡；穿著飄逸洋裝的女子則挽著情人的手，悠悠踏過石材路面。藍與白，添上幾分清新的綠，伊亞的早晨，舒服、清爽，處處悠然且愜意。

　　繼續恣意漫遊，偶然間，我來到一處能夠眺望山脈環抱海洋景色的小店。點了杯咖啡與粉色冰淇淋後，便於靠近海景一側的白色桌椅坐了下來。當時，一隻小貓緩緩現身在我恰好能將風景盡收眼底的角度裡悠哉梳理牠柔順、有光澤的毛。我看著牠，也看海，疑惑著……牠是否知道自己所定居的地方，是個天堂？

傍晚，走在沒有迷路機率可言的路徑，我隨興旋下幾階白色階梯——一對戀人，正坐在某格階梯上靜靜欣賞愛琴海。繼續躡躂白色房屋之間，望向以數顆球型燈泡所點綴的屋頂——不知是居民還是旅人，正聚集小巷裡悠閒交談。

那畫面，像是日落前，與鄰居、朋友閒話家常；日落後，則準備各自回家，備一頓晚餐的安閒時光。整個伊亞，從風景到人，總見舒緩景象。所有景物，有默契地以種種方式告訴旅人——來到這裡，只需要好好感受伊亞在時間流轉中的變化，就行了。

翌日，我提早在日落前半小時抵達觀景台。不出所料，大夥們早已在搖滾區——矮牆邊緣，佔據好觀賞夕陽的最佳座位。有人交談歡笑，有人暢飲啤酒，有人專注地捕捉美景。當我的注意力，由人潮轉往愛琴海——早晨海面上的蔚藍，已幾乎被夕陽的橙色餘暉所覆蓋。

耐心等候，默默朝海平面靠近的微小光點，終於優雅落入愛琴海！那一刻，騷動、醞釀在大夥們心中許久的情緒，在平台裡驟然展開——歡呼、擊掌、相擁、乾杯……，在我眼前，全是分享喜悅的景象。那種激動，是明明你知道身旁的人也看見日落了，你還是會忍不住想對他大喊——「日落啦！」。而那一瞬間，每一份來自於人的感動，匯聚成了無形且巨大的暖流……

有趣的，是直到數個月以後，回顧此日照片時，當時的歡呼聲……竟同時在我耳邊響起……。走過伊亞，我想，我帶走的不僅僅是日落美景一張，更珍貴的，是那一刻與陌生人間的強烈共鳴——為同一片美景深深撼動。在我心中，那是伊亞最溫暖的一刻。

遇見同鄉人——原來，我們都是這樣籌備旅行

乘車前往位於聖托里尼島西部邊緣的島嶼首府——費拉，一路上，我的注意力，再次被左面海洋以及時呈黃綠，時呈青綠色的田野拉走。下車後，拉著行李，繞入通往旅舍的巷子，琳琅滿目的紀念品店、陳列一罐又一罐橄欖油的店鋪、以石牆展示美麗明信片的小販……相繼出現。相較於伊亞，費拉多了點島嶼首府的商業氣息。

在看穿我的困惑，指引我旅舍位置的阿姨的協助下，我終於抵達旅舍。走入前台，一名眼睛又大又圓、毛髮為棕色，整個人散發著濃厚陽光氣息的男子（旅店人員），伸出厚實的右手，與我握手。不知為何，盯著他的眼珠，希臘聖賢的頭頂雕像……突然就浮現在我腦海（搞不好是因為，他就是正港的希臘男子喔？）。

辦理完入住手續，卸下行囊，兩個我……開始陷入戰爭。由於當時，是正午一點，一個我，完全不願離開冷氣房……；一個我，卻不斷提醒「隔日一早，就要乘船離開聖托里尼島囉。錯過現在，隔日此時，就在船上了」。僵持了十多分鐘，總算分出勝負，最終，我仍然起了腳步，前往岸邊步道。

進入蜿蜒步道，望見以各種葉綠色點綴的山脈、盤踞山脈頂部的白色房屋以及以漸層方式，由深而淺轉換各種藍，延伸在地平線上的愛琴海——幸好，剛剛無論如何都要出門的自己，戰勝想偷懶的自己。雖然有預感，在高溫的烘烤下，我的皮膚勢必將朝更深、更亮的小麥色邁進……

傍晚時分，繞著另一條路徑，我再次來到彎曲於島嶼邊緣的岩灣步道。此時，躲過烈日的人潮，也出沒、聚集步道各處了。當時，

注意到一位跟我一樣坐在矮牆上的女孩後，我請她幫我拍照。沒想到，一展開對話，便發覺——我們是同鄉人。長我兩歲，談吐間帶有溫和、穩重氣質的 C，當時正在英國研讀碩士學位。

「價格由低至高」、「網路評分分數在 8 以上」、「如果價格太高，就找看看至少有 7.5 分的」——兩人的話題，由各自選擇旅舍的方式展開。沒想到年紀相近，恰好都是隻身旅行的我們，說起選擇方式，竟能一搭一唱，如此有默契。聊著聊，我們都笑了。身為學生的我們，走過一座又一座城市，都是經過一番精打細算的啊。

回顧在歐洲的日子，我所習得「最實用的技能」之一，大概就是從網路汪洋裡翻找出各城市的低價住宿地點、平價車票以及廉航班機。而每每在起飛之前，發現自己提早二至三個月前訂下的機票，足足省下 10 歐元，甚至 100 歐元，就有種難以形容的……成就感。倘若資金有限又想多看一點風景，精減旅費，確實可以讓身為學生的我們，更心安理得地完成更多旅行心願。

就在對話進行的同時，太陽與海平面之間的距離逐漸拉近，而當圓圓的光點，悄悄消失在海平面的瞬間——歡呼聲，又在聖托里尼島上響起了。

回想昨日於伊亞所見的景色，我發覺，於島嶼兩處所望見的夕陽，各有韻味。背景中，有著房屋群及閃爍燈火的伊亞夕陽，溫馨、繽紛且夢幻；而以島嶼與海洋為背景的費拉，則相對沉著、純粹。然而無論是費拉還是伊亞，聖托里尼島的夕陽，總有辦法留住旅人的心。

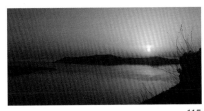

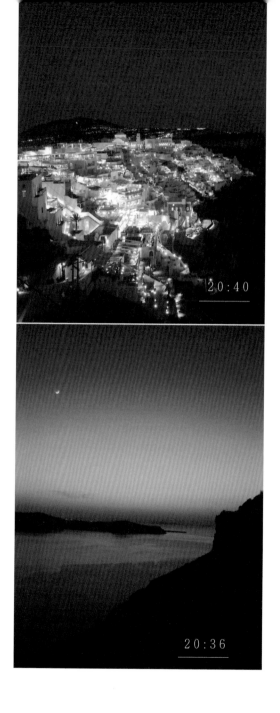

欣賞完整的日落直至天色轉藍，已成了在旅途裡的習慣

20:28

　周圍餐館裡的交談聲、笑聲與餐盤敲擊聲，隨夜色降臨紛紛奏起；皎潔的弦月，則輕輕高掛夜空。待在矮牆上環視眼前一切，當時的我，彷彿徘徊、遊走在迷離的幻境與現實之間⋯⋯

　欣賞完整的日落過程直至天色轉藍，似乎已成為我在旅途裡的習慣。親眼見過城市、島嶼於傍晚時分至夜幕間的天色變換，就有種莫名「完整」的感覺。

　晚風、涼意悄悄蔓延，夜晚的費拉，深邃而美麗⋯⋯

Mykonos,
Greece

米克諾斯島，希臘

天色混濁的傍晚，倚著岩石，看漁夫靜靜等候水面下的聲息；

日光明朗的早晨，隨貓毛被曬得發光的小貓，輕步躂蹓藍、白房屋間；

海風刮起的日子，則入座餐館，欣賞綻開在岸邊的朵朵浪花、店員緩步送上希臘咖啡⋯⋯

無論天候如何變換，四月末，除了浪花，米克諾斯島上的一切事物，總是又輕又緩。

看著行李一箱箱被粗獷船員丟疊成堆，大夥們紛紛移動腳步，步入遲到一個鐘頭終於靠岸的快艇。馬達聲響起，快艇開始朝米克諾斯島前進。隨海水波動，晃了兩個鐘頭，總算靠岸。

自混亂中找回行李，一上岸，各家旅店人員已高舉著印有希臘文、英文的紙板，擠在船邊等候。由左至右，掃視紙板一回——找到我的屋主了。是一名身高與我相當，留著黑色捲髮的男子。在屋主以有趣口音向我確認姓名，給我充滿善意的笑容後，我們坐上深藍色小車，前往旅舍。

一路裡，屋主熱情、滔滔不絕地向我介紹島上主要景點的相對位置，而仍未從海浪搖晃中清醒過來的我，只是有聽半懂地直點頭。直到最終，仍有印象的，大概是其中最真誠的一句提醒——「別到最熱鬧的地方買東西，在別的地方有更實在的價格」。

五分鐘後，再次完成移動，我來到將待上兩晚——稍顯陳舊——的房間。房間裡有一間小浴室、一張雙人床以及一個我用不上的大衣櫃。不知為何，一走進房裡，一股親切感便隱約在我身旁圍繞。也許是因為大衣櫃的模樣，與阿嬤房裡用了多年的深褐色衣櫃有幾分相似吧？

此時此刻，即是意義

米克諾斯島，不像伊亞有明確的主要路徑，也不像費拉有容易辨認的商店街。抵達當日，由旅舍走往海邊，整段路途於我而言，就像是走入一座以藍與白建構的迷宮。然而，迷失在米克諾斯島上——因重新上色而顯明亮、經一番妝點而繽紛耀眼、經日曬雨淋而添上灰白色調——的藍與白之中，我甘之如飴。說不上原因，但我喜歡那種「走在不確定感之中」的感受……甚至願意這樣的迷失，持續至夜色降臨前。

繞出巷子，來到教堂旁，道路左側是米克諾斯島的聞名地標——五風車（Ανεμόμυλοι（Κάτω Μύλοι），右側則為色彩依舊以藍、白為主要色彩的小威尼斯。左右張望以後，我左彎，上坡，走往岸邊。途中，一隻不太在意我的灰色小貓，正專注地盯著海面。我猜想，牠也許是望見水中獵物，正在等候獵捕時機吧。明明隔著愛情海的水流，希臘各座島嶼上的小貓，竟能有著如此相似的悠哉步伐以及能夠自在與人共處的習性（換句話說……牠們似乎總能輕易忽視人類的存在）。

此日，米克諾斯島因天候顯得有些混濁，看不清島嶼土壤間原有的綠，也望不見海水最純粹的藍。所有景物，呈現著相似的淡色調。漁夫站在岩石上，向海面垂入釣竿；白色漁船自遠處緩緩航向岸邊；而我走往海灘，倚著石子坐了下來。那時，海灘上有並肩而坐的情侶、戲水歡笑的一家人。而其中，最吸引我注意的，是一名留著黑色捲髮，不斷在沙灘上來回奔跑，撿起石頭，拋向海面，撿起石頭，再拋向海面的女孩。重複的動作，讓她笑得好開心，家人要她停下，她仍固執地繼續玩耍。

看著女孩，我想起小時候的自己與老弟在家裡後山的「探險」。那時候，對我們來說，在可能會遇見蜥蜴、蛇的樹叢裡斬除樹枝，不停往前走，就是一場冒險。而自己，就是一名英勇探險家。雖然偶爾因不懂衡量事情輕重，而成了大人口中的「調皮」，但決定做一件事時，小時候的

我們，似乎更加果決，理由也更為純粹——「不因為做了，會如何，而是因為事情本身是有趣的。執行過程，即是意義。」。

那時，我反問自己「此時此刻，是如此嗎？我依然是自己定義的——自以為是的——探險家嗎？」，然後我回答自己「是啊，當然是。除了不顧隔日將精疲力竭睡機場、翹了一堂課，可歸為調皮。其餘一切——從汪洋裡搜出價格神奇的班機、以雙腳踏過一座又一座城市、親眼目睹曾經只是在書頁裡，令我蠢蠢欲動的風景……——，肯定是。於我而言，這些過程，已是意義」。

停下思緒時，在沙灘裡追逐、打鬧的狗兒，逗得在沙灘上的人們都笑了，而我也在陣陣歡笑聲中，從翻找回憶片段的思緒裡回神。

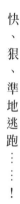

快、狠、準地逃跑⋯⋯！

小貓們

氣象預報顯示「晴」的一天，一走出屋外，眼前迎來的即是極具穿透力的強烈日光。房屋的白，較昨日傍晚顯得更加明亮；小貓的棕毛，也被曬得發光了。

隨意蹓躂藍、白房屋間，桃紅色小花，輕巧點綴屋牆；各色絲巾，垂掛在巷道交叉點的小舖；幾隻紋路似貓頭鷹、毛色討人喜歡的小貓，則睜一隻眼閉一隻眼地臥在房屋短階梯上。牠們的表情，就像是受夠了觀光客過多關愛的眼神⋯⋯，幾乎不打算理睬我。但還好，我也開始習慣希臘小貓的個性了。

傍晚，路經白色教堂，裏頭恰好正舉行婚禮。長長人龍隨樂隊演奏，步入禮堂，盛大場面一下便引來眾多旅人圍觀，一名大叔，甚至舉著餐館裡的酒杯，從餐廳座椅走來，若沒見他從餐館走來，可能還以為他是婚禮受邀人之一喔？簡單、典雅的希臘婚禮，就這樣因旅人的好奇、熱情，成了一場歡鬧慶典。

天色漸暗以後，買了捲 Pita、一瓶啤酒，我打算坐在海邊，與小威尼斯餐館裡用餐的旅人享受同一片海景。突然，一隻眼珠發亮的小貓，出現在我身旁打轉。我抱著終於可以被希臘小貓接近的欣喜心情，捏了口 Pita 餅皮給牠。沒想到，牠嗅了嗅，便走向下一名旅人⋯⋯。

就在捕捉小貓瀟灑無情的背影後，一名男子突然在我身旁的空位坐了下來。「妳在旅行嗎？」男子說，還沒回答，男子又接著說「You are sexy!」。一心想著該如何逃跑的我，有那麼一瞬間，差點就要止不住笑意⋯⋯。見不遠處有一家人朝我的方向走來，我立刻起身，快步走入教堂旁小徑。沒想到在我回頭看時，竟看見男子跟了上來。於是，我開始能有多快便有多快、狠、準地一路奔回旅舍。一抵達房間，鎖上房門，便完整啃掉跟我的臉差不多大的麵包⋯⋯以消除緊張心情。幸好此日，我已熟悉海邊與旅舍間的路徑⋯⋯

旅舍女主人的句句提醒

上緊發條，在夜裡狂奔

　　離開米克諾斯島當天，天氣與抵達當日是天壤之別。一早就刮起的疾速海風，吹醒岸邊黃色小花與旅人的圓頂帽；一波又一波翻騰著的白浪，則在小威尼斯餐館旁，綻開朵朵浪花。

　　傍晚領取行李後，我坐在公車站旁的大樹下等候旅舍主人送我至港口。此日，出現的是同一輛藍色小車，然而駕駛卻是一名已懷孕七個月的中年女士（後來得知是捲髮屋主的太太）。

　　上了車，屋主太太問我「下一站去哪呢？」，我回覆「雅典」。一聽見雅典，屋主太太便以嚴肅神情與認真語氣說「在雅典，無論如何都要把包包背在身前」至少三次。

　　她說，一次，她一個人到雅典產檢，進入地鐵車廂後，一百歐元便莫名蒸發。提及另外兩名美國房客在雅典遺失護照的事件後，她又接著說「他們的技術太好了，你絕對不知道你的錢、物品是如何消失的」。聽著句句提醒，我頓時想起幾日前在雅典車廂裡將我擠往車廂角落的三名女子，那時我心想……搞不好當時的我，差一點就可以寫一篇遇見雅典扒手的遊記了……（但幸好不用）。

　　從小就在米克諾斯島上長大的屋主太太說，比起雅典，她更喜歡自己生活的島嶼。讓我摸了摸她的肚子後，她說「我沒想到會遇見我老公，更沒想到快四十歲了，還能有這即將出生的寶寶。」從她的神情、語氣，我深深感受到她對

米克諾斯島這片土地的喜愛，也看見她對往後生活的期待。現在的他們，大概已經在米克諾斯島上展開一家三口的幸福日子了吧。希望他們一切都好。

抵達港口，與屋主太太相互道謝、道別，我接著走往候船區。此日要搭乘的，是在夜裡航行的船班，抵達雅典的時間，預計是晚間十一點半。

站在候船區，我觀察周遭臉孔。數張面孔中，有行囊不多的當地人、穿著輕便服裝的旅客，幾名叼著煙、大聲喧鬧的少年。也許是想起屋主太太的提醒，又找不著一張與我相似的臉孔，不安感開始在我心頭蔓延……

上船後，船艙幾乎已坐滿在上一站登船的人，直到走入某個擁擠角落，我才終於找到棲身之處。隨大船於海水中晃動前進，窗外天色漸漸暗得看不見水面。

當天，坐在我身旁的孕婦似乎因身體不適，臉色十分痛苦；不適應在船舶上搖晃的孩子，一被父母放回嬰兒車，便放聲大哭。整艘船，雖然滿滿都是人，卻有種比一個人待在簡陋或陳舊房間裡還要孤單的感受。摻雜其

中，我也莫名地被籠罩在濃雲慘霧之中……。此段航行，是我第一次在移動過程裡，那麼想要有一扇任意門，能立即帶我回到安全地帶。

下船後，像個上緊發條的機器人，一鎖定好目標（出口），我便快步、精準地穿越人群間縫隙，奔往旅舍。同時，各種神經質的想像、刺激情節——也許慢下來就會被盯上、後方會有人尾隨，甚至行李箱被搶走……——在我腦海裡上演無數次。直到終於走完十一分鐘戰戰兢兢的路程，觸碰到旅舍門把那一刹那，我以難以言表的激動心情喊了聲「safe!」。

而當我跨進大門，走往旅舍前台，坐在超級老舊之前台的老爺爺，只是淡定地看我一眼，確認我的姓名，然後從掛著一大堆鑰匙串的木板上隨意取了把鑰匙給我。

這晚，我所入住的房間十分簡樸、簡單，用簡陋來形容，或許更為貼切。房裡的四面牆，全是未經上色的水泥牆。洗澡的熱水，一次限用十分鐘……（所以在我把泡泡全抹好以後，我洗了讓所有毛細孔瞬間清醒的冷水澡）。不過，雖然簡陋，此時，我總算窩進了安全地帶。

Malta,
Malta

馬爾他島，馬爾他

站上上巴洛卡花園，欣賞以天然石材所構築的黃色調市景；
於丘陵地間鑽上鑽下，邂逅自 18 世紀中盛行於島嶼的木製陽台；
佇立任由浪花規律拍打的岩塊，感受似觸碰島嶼心跳的微妙連結；
行走夜間的岸邊公路，凝望閃爍空寂大海上方的星群。

馬爾他——一座與自然和諧相融，於蔚藍地中海中自成一格的島國。

候機室裡，一名身高 159 近 160 公分，臉頰被曬得又紅又黑，帶著一大一小行囊的亞洲女孩，點了杯黑咖啡，在人群裡坐了下來。從周圍的人看她的反應，可感覺到——她不太像是平常會出現在這候機室裡的人口。人們看她，她看了看手中機票，也開始好奇、回想……自己怎麼會在這裡？

過了一段時間，她想起來了——此趟飛行，是由廉價航空所牽起的緣分。因經過馬爾他，再飛往葡萄牙波爾圖，比從雅典直飛波爾圖更划算，因此在三個月前，她訂下了這張機票。此時此刻，未帶上任何既有期待與想像，她即將飛往一座沒有任何知悉、了解——唯一確定的就是「那裡有海」——的島嶼。

然而，引來身旁也許是馬爾他，也許是希臘人關注的那名女孩，其實，就是我。當時，我不禁思考——木柵動物園裡的圓仔受人類注目時，就是這種不是優越卻奇妙……的感覺嗎？

入座機艙，於地中海上空向西飛行，抵達希臘西邊島國——馬爾他時，已是夜晚九點多。拉著行李走出機場，棕櫚葉正搖曳海風中。偶然間，望向蒼穹——那一幕……至今仍令我印象深刻。——馬爾他的夜，跟伊亞一樣，一樣乾淨，一樣純粹，一樣繁星點點。「也許會是個充滿新奇的地方吧？」我默默思忖。

上了車，公車在夜間公路裡朝旅舍前進。此段路途中，最令我難忘的，是夜晚十點多，我一個人在轉車站牌候車近十五分鐘的過程。那是我在此趟旅途以來，第一次，獨自佇立如此寧靜——聽不見任何聲息——的一片黑之中。老實說，當時我有點害怕，也感到驚奇。一面祈禱能快點看見公車身影，卻又同時渴望體會，圍繞在周圍的神秘與靜謐。

直到帶我從黑暗公路離開的車子現身，我用力地舉手、揮手，就怕被它忽略後，要在站牌下連眼睛都不敢閉上直到天明……

Malta

夜晚恬靜的馬爾他，一到早晨，相反地朝氣蓬勃。享用完旅舍的早餐，我坐上馬爾他因地理因素而僅有的一種大眾運輸工具——公車，前往首都瓦雷塔（Valletta）。在起伏的丘陵地間鑽上鑽下，望向窗外——馬爾他的街道，幾乎被經日曬雨淋而呈斑駁、褪色至接近飽和琥珀色的黃色調——米黃色、卡其色、橘黃色……——所佔據。

徒步走入瓦雷塔掛有長條燈泡串的街道，除了一致的黃色調，使馬爾他彰顯其獨特韻味的，還有掛在房屋外牆的木製陽台。

木製陽台，於 18 世紀中，自摩洛哥傳入馬爾他。19 世紀，受英國統治時期，因大量引進木材，

木製陽台因此開始盛行。墨綠色、藍色、卡其色、粉綠色、米白色……，有著各色陽台的妝點，馬爾他街頭裡的餐館、房屋，甚至常見的連鎖店面，皆顯得與眾不同。

沿丘陵地中的下坡路線繞出瓦雷塔繁鬧街道，抵達海邊時，迎面拂往臉頰的，是乾爽的五月初地中海海風。走過海灣旁任藤蔓植物恣意攀爬，巧妙運用鐵花窗、鐵花門、木製陽台的民房，我來到位於城市高處的上巴洛卡花園（Upper Barrakka Gardens）。

上巴洛卡花園建於 16 世紀，在歷史上曾是馬爾他騎士團（第一次十字軍東征後，為保護本篤會在耶路撒冷之醫護設施而成立的軍事組織，後來演變為天主教在聖地的主要軍事力量

之一）的休憩地點。19 世紀，拿破崙率領法軍將騎士團驅逐後，開始成為對外開放的空間。

經佇立在入口的棕櫚樹，設置花園中央、帶來視覺上沁涼感的噴泉水池，我朝著有許多拱形窗口的走廊走去。站在牆邊，將視野由下方已有近五世紀歷史的禮砲，推往蔚藍大海，接著，由大海延伸至依然以天然建材之色彩（土黃色）為主色調的對岸城市——比爾古（Birgu）、科斯皮誇（Bormla）、森格萊阿（L-Isla）。

那時，我原無所知的馬爾他，正於我的腦海中一點一點地形塑起——於地中海中自成一格，與自然和諧相融的印象。

Malta

浪聲，在平和、柔和的景象裡，顯得巨大且動聽

不安，卻又滿載著感動

馬爾他本島，雖然是一座僅 246 平方公里——不到一個台北市（271.8 平方公里）大——的島嶼，令人驚嘆、心動的景色卻一點也不少。走訪馬爾他另外兩座小島後的傍晚，跳上公車，我來到島嶼南邊的著名景點——藍洞（Blue Grotto）。當時，沿下坡路徑前往海邊，夕陽將景物的影子拉得好長，而我——在一片恬靜中——的腳步聲，吵醒了一隻正於柔和夕陽下午睡的白棕色小貓。

抵達岸邊時，一波波白浪打上崎嶇岩塊，一名身著黃色上衣的漁人，正將魚竿甩入深藍色海水中。坐在有太陽熱度的岩塊上，我以視覺、聽覺、觸覺感受周圍一切——浪聲，在平和、柔和的景象裡，顯得好巨大且動聽。規律——似島嶼心跳——的節拍，似乎正與我進行著某種無聲而微妙的連結。

起身後，朝更內側的步道區段走去，接著，隨腳步映入眼簾的，是兩排生長著仙人掌與草類植物的岩壁，將深藍色海水匯聚成深邃水流的景致。當時，見

眼前神秘景象，我不禁好奇——坐上船隻，航過轉彎處，進入那無法直直望見的一處，是否又是一處秘境？原來，在無所知悉的情況下走入一地，從零探索，也有著能夠不斷向世界提問，靠自己找尋解答，甚至在過程中遇見驚喜的美好。

叢叢翠綠的植物，在岩塊間舒展柔軟、細長的葉片；晚霞色調，在岩石表面悄悄蔓延；岩石，則隨天色，以米白、粉白、更濃烈的粉色精彩地轉換著色調。當我再次以目光俯視，以腳底板感受，以耳朵聆聽規律撞擊岩塊——似島嶼心跳——的浪花時，岩石又退回原有的米白。

對於馬爾他，我只有情不自禁、越來越多的喜愛……

看了看手錶，時間來到夜晚八點，橘紅的晚霞裡，躺著最後一絲似緞帶的雲彩。走回站牌時，只見一對情侶。在時刻表顯示有車班的時間已過了十分鐘，

仍不見車子蹤影時，我向他們詢問是否在等同個車班。一樣困惑的我們，在討論後，決定先走往大馬路邊的站牌，而若一小時後的末班車仍未現身，只好一同在路邊攔車了。

上坡時，我們邊走邊聊，自義大利來到馬爾他生活的情侶說「這裡太棒了，美麗、舒適，想回家也不會太遠」。確實，義大利狹長的國土末端，就在馬爾他上方。有他們相伴，我的不安稍稍地緩和。後續路段，不打擾他們幽會，我放緩腳步走在後頭。

偶然間，再次望向馬爾他極少光害之蒼穹裡閃爍的星群，突然……我想起了一次與朋友登上合歡山主峰後的情境。第一次與朋友前往合歡山主峰，狀況外的我們，不知合歡山的夜裡是「沒有路燈」的。登上山頂，回到登山口時，天色恰好暗下。徒步返回滑雪山莊的路途……除了偶然出現的卡車、汽車車燈，當晚，我們所擁

有的光線，只有漆黑山巒上的點點星光。一片黑，使我緊抓朋友的手臂，然而蒼穹裡爆發的星光，卻也同時讓我愛上了……漆黑夜空。沒想到，此時此刻，似曾相識的矛盾——不安，卻又滿載著感動的心情，再次上演。在不確定幾時才能回到旅舍（而且隔天一早就要飛離馬爾他）的不安裡，我發現自己，竟有點感激漏掉的那班公車。因為它沒有出現，我才能在離開島嶼前，意外遇見空寂大海上的夜空、繁星。

一小時後，公車身影總算從轉彎處現身。我們擊掌，一起上車。後來，先到站的情侶，在下車前回頭向我喊了聲「Take care!」，那時，一陣溫暖，直直闖入我的心裡。即使只是一場短暫相遇，他們的相伴，卻成了令我難忘且感激的回憶。

Comino,

Malta

科米諾島，馬爾他

跳上小船、坐在島嶼任一處，觀賞清澈、純淨、多變的
藍；遊走、佇足島嶼上地，欣賞經地中海式風吹日曬，
而散發堅韌氣質的植物。

科米諾島的兩種色彩——藍與綠——讓我深刻意識到自
己，相對於廣闊、變幻莫測之天地的渺小。

帶上後背包與提袋，跳上車，此日，我的目的地，位在馬爾他本島西北角外。

海風從半開著的車窗吹進車廂；途中經過的兩個蔚藍海灣，閃爍著粼粼波光；而我，整個人飄飄然，一心妄想著——就讓我這麼在有海風、海景的車廂裡，待上半日吧……

一下車，朝著前往科米諾島（Comino）的乘船處走去。我的眼前，很快地就出現一面圍牆。在我開始思考要先將哪個行囊放上圍籬時——一隻手，突然就從圍牆另一側伸了過來，迅速將我拉過去。站穩後，才發覺，原來是一名與我搭乘同班車前往此地，也正一人旅行的男孩。他的出現，使我更加相信，也再次驗證——旅途中，總有善良的人，願意拉你一把。

133

「這海水，清澈得像泳池一樣……」

散發堅韌氣質的地中海島嶼植物

坐上小船，前往馬爾他第三大島——科米諾島。船上的所有人，都被船身周圍清澈見底的海水所震懾了。居然……毫不費力，便能望入水底，甚至看見蕩漾水面下微微浮動的水草。

突然，坐在一旁來自荷蘭的阿姨，轉身對我說「這海水，清澈得像泳池一樣……」，我笑著點頭表示贊同。以泳池來形容這片清澈水面，真是太可愛也太貼切了！

繼續與阿姨聊著與旅行相關的話題，也隨阿姨的介紹，認識與阿姨同遊的所有家人（由於阿姨至少向我介紹了七名家族成員，因此努力跟著念出所有人的名字之後，我還是全都忘光了）。直到上岸，阿姨若有所思地對我說「好好享受一個人的旅行！好好把握，一切難得！」。不知為何，從阿姨眼中，我感覺到對我喊話的同時，她也正緬想著過去的自己。最後，向阿姨說了句「歡迎到台灣旅行」，我們便各自展開在島嶼中的探索。

科米諾島位在馬爾他本島西北方。於歷史中，曾是羅馬時期的農民、中世紀的海盜、自羅德島移往馬爾他之騎士團以及 16、17 世紀因罪行而被流放、監禁的騎士所居住、停駐之地。現今，島上僅有三名定居人口。而整座島嶼雖然只有 3.5 平方公里大，島嶼中的「綠」，卻已足以讓我徜徉、漫步許久。

進入曝曬在豔陽下的土黃色土地，出現在我眼裡的「綠」，隨腳步由堅實耐旱的仙人掌，放射狀展開葉片的龍舌蘭，能夠適應荒沙及草原環境的穗花牡荊（Vitex）與紅荊（Tamarix trees），色彩優美的銀葉草（Silvery Ragwort），來到為吸收日光、適應環境而有短小、圓柱狀多肉結構的馬爾他鹽樹（Darniella melitensis/ Maltese Salt Tree）。

也許是歷經過地中海海風的吹拂以及烈日照射，各有著可愛模樣的島嶼植物，一致散發著令我喜愛——堅韌而純樸——的氣質。

遇見各種各樣、純淨、透澈的藍，而意識到自己相對於廣闊天地的渺小

由近而遠，望向漫無邊際環繞島嶼四周——清澈淺藍、碧藍、邦迪藍、夾帶俏皮藍綠色之深藍——的海面。此日，我才知曉——原來一片海洋，能夠純淨、透徹、多變至此般境界。一切不可思議的景象，使我深刻意識到自己的渺小。

而意識到自己的渺小，某種「莫名美好」的感受，也開始在我心頭蔓延……。也許是因為如此一來（相對於廣闊天地而身為渺小），正意味著，世界還有不知凡幾——無窮盡——的景色、文化、路途……，等待我們去遇見。我們，總是可以對充滿未知與驚喜的世界，抱有期待。

倘徉溫度彷彿乾燥烤箱的小島近兩個鐘頭以後，我乘上小船返回本島。當船身從米白色的石灰岩洞口前經過，我望入洞口後方——洞口之後，依舊是藍得不可思議的海。

Comino

就在大夥們拿起相機拍下奇妙洞口，一名身穿泳褲的男子，正在前方石灰岩頂端調整姿勢。接著，船上的小男孩興奮呼喊「他要跳水了！」，大家也開始聚精會神，將心境投射在男子身上。

直到下一刻，男子縱身入水，又笑著浮出水面，所有人高聲歡呼，開心得就好像是自己完成一場完美的跳水演出。真是可愛、有趣的一群人啊。

Gozo,
Malta

戈佐島，馬爾他

由一望無際的旱田走入小徑，遇見最簡單、純粹的善意；

迷航廣袤大地至懸崖邊，陷入大自然所設下的謎題；

登上教堂眺望島嶼自然、悠然且悄然的夜，感受自然的巨大；

坐上小船航入洞穴，在色彩神奇的水流中遙想神話情境……

戈左島——純樸、天然、平緩，卻帶給我最難以忘懷的驚喜與感動。

　　自科米諾島返航本島的小船一靠岸，我接著跳上另一艘航往戈佐島（Gozo）——馬爾他第二大島——的大船。經三十分鐘的航行，一上岸，我便走往超市，買了包撒有迷迭香的長條薄餅。撕開包裝，天然的迷迭香，讓我將薄餅一片接一片塞往口中。繼續跳上下一種交通工具時，已不知不覺吃掉半包。

　　公車駛上坡道，窗外生機勃勃、枝繁葉茂的樹木，佇立道路兩旁；半圓、平圓、橢圓拱型的建築結構，被巧妙運用於平房之中；穿搭休閒的居民，則在樹蔭下悠閒交談。延續本島的景物——黃色調房屋、木製陽台也不時出現。駛離港口一段距離以後，接著出現眼前的，是時而荒涼，時而綠了一片的田野以及又扁又寬——茁壯生長於石塊圍籬上——的梨果仙人掌。

　　路經島上最熱鬧、看得見英國殖民後所留下之紅色電話亭的城鎮——維多莉亞（Victoria），再次駛入田野，終於，我完成長達一個小時的東鑽西竄，抵達靠近海角的旅舍。

　　下車那一刻，望向四周一望無際的大片田野，我的腦海裡頓時塞滿了問號……。我問自己，真要在這裡過夜嗎？為什麼？要在這裡幹嘛？這根本是三個月前的自己，送給此時的自己……最神奇、奇妙的一天。

一切隨性的屋子、搖曳微風中的旱田、帶有善意的笑容以及羞怯小貓

朝著門牌號碼與地址相對應的房屋走去，「是啊，就是這……了吧？」，看著像是舊工廠鐵門的藍色大門，我一邊自語，一邊再次確認地圖位置。帶著疑惑按下門鈴，三分鐘後，門鎖終於從大門另一端被轉開，接著，一名皮膚曬成小麥色的西方女孩出現在我面前。「這裡是旅舍嗎？」我問，女孩笑著說「是的，跟我進來吧」。

隨女孩走進屋裡，聊了幾句才知道，原來她也是房客，主人當時並不在家。

泰式風格的布簾、富有東方氣息的雕像、三色捕夢網……，各種各樣的收藏品亂中有序地散佈屋內各處。一名男子，正在戶外泳池享受日光浴，一隻長毛狗狗，默默從我腳邊躂蹥過

去。沒想到外觀似舊工廠的屋子裡，瀰漫的是一股「浪人的家」——令人完全卸下心防——的奇妙氛圍。

接著，澳洲女孩如主人般領我上樓，指著某扇木門，對我說「這是妳的房間，雖然我不是主人，但有問題的話，可以找我們」。一拉開門，令人放鬆、討人喜愛的氣息，繼續延伸在房間裡。粉紫色的單人床左側，是以米黃色石灰岩堆疊形成的牆面，右側則為擺有藤編小燈的床頭櫃。

推開可通往一樓戶外的另一扇木門——漫無邊際的廣袤田野，接著展開在我眼前。從屋裡俯瞰平緩的鄉間景色，好舒服、好遼闊。不知為何，這幅景象，使某種興奮感覺，開始蔓延在我心頭……

　安頓好行囊，看地圖顯示步行三十五分鐘即可到達海邊，我毫不猶豫地決定徒步出發。跨出旅舍大門前，我向女孩詢問住宿費如何支付，女孩說「主人"可能"晚上會回來，到那時再付就行了」。真的好隨性啊，這裡。

　出發後，貼近戈佐島旱田，樸實而親切的感受，頻頻向我襲來。那時，浮現在我腦海中的，是跟阿嬤一起在水田邊散步的記憶。走入小徑，右側房屋的影子，斜躺在左側屋牆上；如五線譜的電線桿，則在屋子上方拉得好長。就在我踏在小徑的中間點時，一位身著暗褐色衣服的奶奶，好奇地看了看我，隔著一條馬路，給我一個和藹笑容。

　沒有多久，一名牽拉著馬匹的男子，朝我的方向走來。我們對視、微笑、點頭。那時，見馬兒炯炯有神的眼珠與深棕色的毛，我不禁輕聲自語「好想要一匹馬……」。而因兩回簡單、純粹的善意，此條在地圖裡或許不怎麼起眼的小徑，已被我輕輕收放入心裡。

　進入小徑盡頭，位在三條巷道交匯處的教堂鐘聲響起了。在鐘聲仍迴盪巷道時，我拐了個彎，來到一大片天然——稍顯荒蕪的——景象前。當時，一隻白色小貓一見我，便躲入車子底下，其羞怯模樣，與希臘島嶼上幾乎可無視人們存在的小貓全然不同。而就在遇見小貓以後，接下來——前往海邊的路途裡，我再也沒見著人影，彷彿走入一處神秘境地……

時而邁步,時而駐足,充滿生命力的粉色、紫色小花從石子縫隙間冒出;金黃色小麥與旱田植物則繼續搖曳海風中。繞下坡道,背景為大海——由土黃色及綠色植物相間點綴——的廣袤大地,繼續震撼我的視覺。猛然間停下腳步時,我才發覺——幾乎呈 80 度的懸崖,居然就在我腳邊不到一公尺的地方⋯⋯

來到馬爾他的各座島嶼,我就像陷入植物們設下的謎題。對它們一無所知,卻總蹲在它們身旁自語、驚嘆、紀錄它們的模樣。而此日,使我一再駐足的,是從路徑裡,一路團簇鋪蓋至峭壁上方,奪目綻放的黃色小花—— Helichrysum Melitense。

在我拜訪戈佐島的五月份,恰好是 Helichrysum Melitense 的開花季節(五月至六月)。為了在此季節的乾燥氣候與地中海海風中生存,Helichrysum Melitense 的細長葉片,長出淺色銀毛而呈銀綠色(若是在其他季節,葉片就會是較深的綠色)。直到旅程結束,我如解開謎題般地去翻找資料,才得知 Helichrysum Melitense 被製

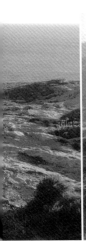

成乾燥花後,能保有色彩多年,因此還有著優美的別名——Maltese Everlasting。

接著,在我將注意力轉移至土壤間的貝殼化石時,草叢間突然傳來窸窣聲響。一跳開我所站立的位置,便見一條深色尾巴,迅速溜向崎嶇岩石後方。打了個冷顫後,我猜想⋯⋯是此地主人,出來巡視是誰,大膽闖入了牠們的地盤了吧?牠的出現,似乎也在告訴我——此時,我所佇立的土地,有多麼天然、純淨⋯⋯

離開以前,我提高警覺走往真正呈90度的懸崖邊,眺望波動深藍海面上的水紋以及石灰岩壁面間的橫向紋路——天哪⋯⋯好美⋯⋯!好美!太美了!不確定用幾個驚嘆號,才足以形容當時湧在心頭的感動。

就在被戈佐島的天然景物震懾一番,回過神時,我才驚覺,原本預計在三十五分鐘內走完的路途,還沒抵達,早已過了五十分鐘⋯⋯。我笑了,原來我已經迷航在看似平緩卻充滿驚奇、天然的路徑裡。或者也可以說,這一路,早已成為我心中無語倫比的秘境了。

「我有自己的太陽、月亮和星星,以及一個完全屬於我自己的小世界⋯⋯。我彷彿是大地上第一位或最後的一個人」、「一切似乎對我有著不平常的善意」。站在戈佐島崖邊岩石上,我似乎理解了梭羅於《湖濱散記》中所描繪的心境。眼前悠緩流淌的海洋、悠然綻放的花朵,以及沈睡土壤中的海洋化石所構成的環境,此時此刻,彷彿完全屬於我的小世界⋯⋯,而我,此時此刻,也完全屬於他們。

Gozo

143

日落後，乘車來到維多莉亞（Victoria）。一位正單獨旅行的法國女孩在路上向我搭話，於是我們成為彼此當晚的旅伴，一同前往兩位當地人不約而同推薦的教堂（Katidral ta Għawdex）。前往教堂途中，我們所路經的某座公園，傳來驚人（或者說驚悚）的鳥群叫聲。我們停下腳步，兩人皆一臉困惑……。因為那聲音，大得就像是整座戈佐島的鳥，全飛來到公園裡開 party。見彼此的困惑神情，我們大笑了起來……，而可怕的是就連我們的笑聲……也完全被淹沒在鳥群的鼓噪聲裡。

戈佐島，真是一座太天然、太天然的島嶼，走入它，我所遇見的一切，幾乎皆與自然相關；處處望見的景致，也多為自然形成。

聽當地人的建議果然沒錯。登上教堂頂端，我們以全新的高處視角，繼續認識此座島嶼。視線由田野推向丘陵——戈佐島的夜，既是天然，又是悄然且悠然。整座島，儼然置身凡俗之外且安分自足的小世界。

欣賞完夜景，女孩搭乘最後一班船返回本島，我則乘坐公車返回隨性小屋。當晚，跨入小屋大門，客廳傳來雨滴聲響，繞上樓梯以前，我才弄明白，原來是澳洲情侶正窩在沙發裡欣賞影集（影集場景正在下雨）。當下，看著他們——屋子裡，突然

戈佐島的夜，自然、悄然且悠然

好有「家」的感覺。

回到以暖色燈光取代白天日光的房間，我翻開本子，將此日所有能以字句紀錄的感受、感動，全塞進紙頁。熄燈前，彷彿還吹不夠地中海海風似地，推開木門，站上露台。又一次……我又一次被星光熠熠的馬爾他夜空征服了。

回想起抵達馬爾他機場當天的自語——「也許會是個充滿新奇的地方吧？」，此時，我已有了答案。馬爾他不只新奇，於我而言，它就是一場驚喜。純樸、天然、恬靜、純淨、獨具一格的一切，早已讓我愛上此座島國。

陽光隔著淡粉色的窗簾透進房裡，此日早晨，睜開眼，我先是賴床約十分鐘，接著起身推開木門。一推開門，尚未被陽光加溫的清晨微風，徐徐流動身旁。瞭望田野時，咕嚕叫的肚子，提醒我，覓食時間到了。梳理好後，旋下窄階梯，澳洲男孩正在廚房裡煎荷包蛋，女孩則正將握於手中的藍色透明水杯，放上五張餐布（昨晚的房客還有一對法國情侶）。昨日

還在冰箱、架子上的果醬、燕麥片、吐司……全被精心擺上小吧台與長桌。於此已待上兩週的澳洲情侶熟悉廚房的模樣，就好像這屋子的主人。「取餐吧！」他們說。

沒多久，一名綁著馬尾的男人，牽著昨日從我身旁蹓躂而過的長毛狗，向我們打了招呼，便跨出門外。原來，他就是神秘的主人。才見到他，他又消失了。「真是個有趣的人」，我們笑著說。直到最後，我的住宿費，是交給澳洲情侶轉交給他的，沒有收據，沒有任何紀錄。住進充滿浪人氣息的家，真是徹頭徹尾的隨意。想起此事，我總會會心一笑。

飽食一餐後，趴回舒適的大床。沒想到帶著疑惑走進的屋子，竟讓我不想離開了。或許是因為這裡，有家的感覺，而在安全感中，也能同時擁有自己的空間吧。

提著行李，坐上開往藍窗（Blue Azure）的公車，我回頭望向依然似舊工廠鐵門的大門，那時，我心想……若是平行時空裡，有個可隨心所欲前往任何一地的我，未來，肯定常常賴在這兒了……

Barcelona,
Spain

巴塞隆納，西班牙

觀覽加泰隆尼亞現代主義建築，體會濃烈風格與鮮明色彩所帶來的視覺衝擊；走進哥德區，尋覓自中世紀留存至今的古雅、沈穩氣息；拜訪高第的建築，體驗在奇幻結構中鑽入石窟、潛入大海、闖入森林、飛上外太空……

難以挑選單一色彩去形容的巴塞隆納，襯上五月的盎然綠意，活潑氛圍在城市裡處處躍動。

班機自地中海上空飛往伊比利半島，窗外流動、浮現的，是綠油油的山巒、濃厚的雲朵以及散佈茂密樹叢間的褐色屋頂。著陸後，在我準備搬下置物箱裡——不壓坐在上方就拉不起拉鍊——的行李箱時，一旁的大叔說「這是妳的嗎？」，便替我搬下行李。尚未踏入西班牙國土，我已先感受到了西班牙人的友善。

坐上巴士，前往市中心，順利完成入住手續後，我坐在房間裡的其中一張上舖，環視擠滿 16 張床的空間——爆開的行李箱、隨意吊掛的衣服、各種尺寸的鞋……散落房間各處。我不禁好奇，我的室友究竟都是什麼樣的女孩？也忍不住想像，我們若同時在房裡打呼……應該……會十分精彩吧？

後來的四個夜晚，我的十幾名（也可能是二十幾名）室友，來自世界各地——美洲、亞洲、歐洲，且各種各樣——在床上做瑜伽的、行李箱似玩具總動員箱子那般精彩（打開時會彈出東西）的、買一大堆水果塞在置物櫃搞得像要定居兩週似的、衣服總是有螢光色的……。首次入住 16 人房，我所留下的印象，就似此座城市給我的感受——活躍、繽紛、有點瘋狂。

147

走訪米拉之家，遇見外星人

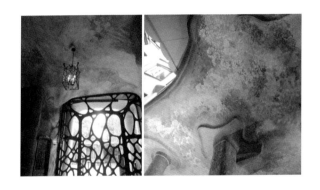

烏雲密佈的午後，二訪高第，我來到高第的建築中，最令我難忘——建於 1906 至 1912 年——的米拉之家（Casa Milà）。站在窗台如海蝕洞，欄杆如波動水草的米白色建築外，我的腳下，同樣也是由高第所設計的六角形灰綠色磁磚，海星、螺旋、章魚圖樣，各如化石般沈睡裏頭。

進入以夢幻黃綠色、粉色花朵以及淺綠色水草圖樣填滿石膏天花板，側門似蝴蝶翅翼的一樓庭院後，乘坐電梯，我來到頂樓露台。當時，結合著導覽耳機所播放的詭譎音樂，環視眼前奇特、奇異、奇妙的一切——我笑了，這根本是地球之外的秘密基地吧！

望向佇立於高低起伏之地面上的煙囪與通風口，凝神注視似頭盔的頂部區塊中，呈凹陷葉片狀與倒三角形的結構……我總覺得自己，像是在與傻笑、竊笑的外星人對望……。而且，他們似乎對自己的地盤，充滿了強烈的自豪。若有一日，外星人決定降落地球，或許會以此為登陸點喔？

走往屋簷下以暗紅色拋物線拱柱構成的空間，我從外星人的地盤，進入大型動物的骨骸。看著玻璃櫃裡所陳列的動、植物骨骸、蛇皮、甲蟲、樹枝等標本，我完全相信，一切神奇、奇異的物件，都是高第的靈感來源。

走在高第的建築內、外，我常有種脫離現實，正以奇特方式更親近自然的感受。有時鑽入石窟，有時潛入大海，有時闖入巨樹參天的樹林，有時進入巨大生物的骨骸，有時還能飛上外太空……。高第曾說「大自然是本偉大的書籍，它總是敞開著，我們應該強迫自己用心閱讀」。遇見高第，我看見了建築與自然元素，最淋漓盡致、鬼斧神工的結合。

Barcelona

　路經風格屬加泰隆尼亞前現代主義，於 1888 年為作為世界博覽會入口而建的凱旋門，我右彎進入巷道。綠色植栽，亂中有序地垂掛在窗台；紅、黃色加泰隆尼亞旗幟，輕輕飄揚微風中；倒三角形彩色布塊，則以線條拉長在兩側房屋間。保有早晨寧靜氛圍的巷陌，在有意與無意的妝點下，流轉著輕快氣息。

　來到巴塞隆納天主教座堂後方巷道，人們紛紛停步於某棟建築外牆。我走上前，靠近一看——原來，是在觀賞象徵司法自由的三隻燕子以及象徵政治程序的烏龜雕刻。

　進入大門，拱形迴廊環繞著中央噴泉；條條藤樹恣意攀爬拱形柱；造型經典的吊燈則優雅妝點著廊道角落。登上露台，灰色石階任由圓形光點滾動其上；階梯壁面，由色調明亮的圖樣瓷磚清雅點綴。由人潮引領，走入處處充斥古雅與綠意的空間，我才知曉，此建築自十二世紀起，即為副主教之府邸（Casa de l'Ardiaca），1912 年後則成為巴塞隆納的檔案收藏館。

　繼續探索建築多建於中世紀，區域範圍由蘭布朗大道（La Rambla）延伸至萊埃塔納大道（Via Laietana），又從地中海海濱延伸到聖佩雷圓環（Ronda de Sant Pere）的哥德區（El Gòtic）。在主

教街（Carrer del Bisbe），我遇見了設
計精緻、中世紀韻味濃厚，連接起兩棟建
築的新哥德式橋樑——Pont Gotic。拐入
Carrer de la Pieta，邂逅了於 4 世紀興建
的古羅馬城防禦塔。而在觀覽防禦塔之後
的路途，則來到建於 14 世紀的國王廣場
（Plaça del Rei）。哥德式、古羅馬風格
建築，襯上午後光景，哥德區給我的感受，
是不同於奇幻高第、繽紛蘭布朗大道的古
雅與沈穩。

當晚，隨意走入國王廣場旁的 Carrer
dels Comtes，人潮喧嚷聲一陣又一陣自
巷口另一端傳來。直到走完整條巷道，我
才知曉巷口之外，正是建於 13 至 15 世紀
的巴塞隆納主教座堂（Catedral de Santa
Eulalia de Barcelona）。當時，悠哉的
當地人騎著單車，悠悠經過教堂前方；激
動的旅人，於建築前變換種種姿勢、拍照
留念；而我，隨意找了個位置，坐著欣賞
教堂湊合夜晚八點粉藍天色的場景（當時
是五月，位在東經 2°11´ 的巴塞隆納九
點才日落）。那時，我看見了活潑、好動
的城市，最柔和、柔軟的一面。

Barcelona

Porto,

Portugal

波爾圖，葡萄牙

走進聖本篤車站，轉悠無聲闡述歷史、地理的藍、白瓷磚旁；

走訪萊蘿書店，感受瀰漫書香中的古典韻味；

拐入花街——R.das Flores，欣賞各色各樣的露天瓷磚；

鑽入隱藏城市深處的小徑，感受其中的純樸、色彩及生命力；

前往加亞新城，品一杯口感偏甜、果香濃郁的波特酒……

踏入處處瀰漫詩意的波爾圖，我愛上了夜幕前夕，將浪漫發揮至極致的
杜羅河……

　　清晨六點，拉著行李前往地鐵站。徒步旅行巴賽隆納的五天五夜，這是我第一次，也是唯一一次乘上地鐵。於終點站抵達機場，接著，便是朝大西洋，為時兩個鐘頭的飛行。

　　班機降落波爾圖機場，我拖著行囊，乘上地鐵前往市中心。一路上，窗外的橙色屋頂，因曝曬艷陽底下，色調顯得明亮且飽和。下車後，跟隨地圖前往旅舍，途中，才見起風，沒多久雨水便一傾而下——雲說聚就聚，雨說下就下，是葡萄牙最大海港城市——波爾圖給我的最初印象。

徜徉藍、白瓷磚旁

大學的某堂課程作業，教授要我們依主題找尋獨特的歐洲觀光元素，當時我所選的主題是「建築」。搜索過程中，一見圖片裡由藍、白相間瓷磚組成內牆的聖本篤車站（São Bento），「波爾圖——Porto」一名，便從此烙印在我心中。此原由，也使波爾圖成為我踏上的首座葡萄牙城市。

抵達波爾圖當日，卸下行李，走上街頭，雨滴滑落在花色各異的屋牆瓷磚；各色雨傘則鑽動在上下起伏的丘陵巷道間。某種韻味——也許是浪漫——蔓延在雨中的波爾圖……。路經幾間小巧咖啡店，來到以巴洛克藝術風格構築外觀，以人物、天使、花紋等藍、白圖樣瓷磚佈置外牆的卡爾莫教堂（Igreja do Carmo）。海港城市的主人——一隻眼神銳利的海鷗，正佇足在我想拍攝教堂的角度上。也許牠知道，以此角度入鏡，會有不錯的背景喔。

沿著下坡路徑，來到教士教堂的正面陽台，我的視野由近而遠——望見視野中地勢較低的天主教教會，直到最遠處的聖伊爾豐索堂（Igreja de Santo Ildefonso）。那場面，令我驚嘆自語「居然……能夠以此方式，瞭望整條 Rua dos Clérigos!」。

下石階後，我接著走入眺望街景時已打量好要前往的小吃店。在店內享用炸鱈魚與蛋塔的過程中，最令我印象深刻的，不是餐點，而是鳥兒不時

闖入店內，盤旋天花板下方，叼走地上碎屑的景象。幸好……牠們還沒有猖狂到叼走桌上的食物。也許，這是港口城市裡，特有的互利共生現象吧。

將最後一口葡式蛋塔塞入口中，行經海鷗盤旋上方的天主教教會，我終於抵達已運行長達百年之久的聖本篤車站。觀覽一回具法國學院派風格的建築外觀，我很快地便走入車站內。車站大廳裡，具復古氣息的大鐘，高掛玻璃窗前方；兩座波爾圖以北的葡萄牙城市名稱——Douro 與 Minho，被標示在精雕細琢的石膏天花板上；以史上戰役、加冕場景、鄉村生活為主題的兩萬片藍、白色瓷磚，則圍繞著車站內牆。真實來到

牽引我前往波爾圖的聖本篤車站，我完全找不著失望的理由……這，是我見過最美——彷彿藝術品——的車站了。

其中，最令我印象深刻的瓷磚細節，是繪有葡萄園、採收場景、水牛運輸以及船隻的四面瓷磚。在川流不息的車站裡，它們以韻味獨特的畫面——無聲地——向旅人傳達，波特酒（葡萄牙語：Vinho do Porto，生產於杜羅河的葡萄酒）之於波爾圖的重要性。

瀰漫書香與古典氛圍的萊蘿書店

　　拿起手機，看了看時間—— 6:15，「怎麼這個時間醒來呢？」我半睜著眼思索。沒有多久，隔著一道牆外的狗兒，回答了我的困惑與不悅——就是牠叫醒我的。接下來在波爾圖的每一天，也都因為牠，我展開了早睡早起的新生活運動。

　　跨出旅舍大門，此日波爾圖，空氣清新、舒爽，日光透亮、明朗。昨日任由雨水滴答流淌的瓷磚，此日，流轉著使瓷磚色調更加明朗的自然光。

　　沿昨日路線來到創立於 1906 年的萊蘿書店（Livraria Lello），我首先從建築外開始參觀。書店建築頂部採用新哥德式風格，壁面則巧妙運用新藝術風格，由多個矩形結構組成——左右兩側，分別有象徵「科學」、「藝術」人物像——的玻璃窗，正映照著當時的藍天白雲。由門外望入櫥窗，象牙白的樹幹裝飾，則為書店添增了幾許神秘感。

　　走入書店，處處瀰漫書香。直立於深褐色木櫃、平躺於木桌、如寶典般被

收放於頂層玻璃窗櫃內的書本，讓空間顯得既優雅又古典。走上紅色曲線階梯，也許因知曉 J.K. 羅琳於波爾圖教授英語的日子曾經常拜訪萊蘿書店，以漩渦狀線條懸掛倒三角形的燈飾，讓我想起海格手提燭台的畫面；由牆面延伸至天花板，在頂部綻開石膏色花朵的粉橘色石柱，則使我想起高第（這也許是走過巴賽隆納的後遺症之一？）。

帶走一張印有淺藍色書店外觀的明信片離開書店，我接著穿越書店前方以灰色調為主，頂部採用幾何圖樣的玻璃窗廊道，來到教士教堂背面。隔著幾公尺的距離，我由下而上觀覽教堂塔樓——塔樓底層有咖啡色木門，上層有時鐘。據說在數年前，塔樓有著可愛的傳統——當船隻的包裹、運貨送達杜羅河畔，塔樓便會高舉旗幟，讓商人得知「貨到了」。

將注意力轉往周邊，偶然間，一輛小巧黃色電車從塔樓右方溜下坡道。跟隨它的身影，我也繼續漫遊可愛、韻味獨特的波爾圖。

走入寧靜小徑，感受蘊藏城市深處的純樸、色彩、生命力

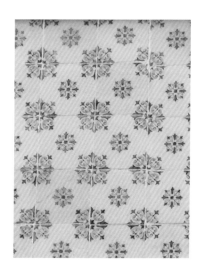

158

走訪波爾圖的旅程進入第四天，漸漸熟悉此地充滿藝術氛圍且溫柔的氣息，我關掉導航，走入隱藏城市深處的寧靜小徑。

漫無目的地繞入一條又一條又斗又窄的小徑，色彩與房屋微妙相襯的床單，飄揚在陽台，一撮一叢的小草從房屋縫隙間探出了頭，令人無法對此城感到乏味的各色瓷磚則佈滿牆面。遠觀色彩搭配，近看花樣細節，僅僅瓷磚一物，已讓我在巷道裡花上原本預計停留的兩倍時間。

純樸、充滿色彩、生命力，是波爾圖深處巷道裡悄然蘊藏的底蘊。

若要追溯波爾圖瓷磚的發展歷史，可先將時間拉回至最初——由西班牙賽維亞將瓷磚引入的 15 世紀。當時，在波爾圖的瓷磚多用於教堂內牆。後來，隨義大利琺瑯陶器技術與荷蘭代爾夫陶器（Delft）的引進，此地藝術家，也開始在漆白的磚上作畫。隨歲月積累，現今波爾圖，也才累積出今日所見——讓城市沒有絕對色彩，卻絕對獨有韻味的各色、各樣瓷磚。

穿越路易一世大橋前往加亞新城，品一杯波特酒 —— Vinho do Porto

杜羅河（Douro），發源於西班牙索里亞省（Provincia de Soria），河水由東流向西，最終注入大西洋。流域中，最多人口居住的葡萄牙城市，分別為波爾圖及加亞新城（Villa Nova de Gaia）。此日，我的徒步旅行計畫，正是從波爾圖越過杜羅河，前往加亞新城。

當日，接近中午時分，我抵達河邊，大群海鷗正盤旋餐館的露天陽傘上方，波爾圖的雲朵則正速速聚集。拍了幾張照，不出所料（根據抵達當天的印象猜測）——沒有多久，大雨便一傾而下。當時，人們如逃跑似地奔往離自己最近的遮蔽物——陽傘下、商店內、飯店屋簷，雨一停，又迅速回到街頭。見人們躲雨至走回街頭——前後不到十分鐘——的畫面，我心想……定居在這，要馬就得有好記性，天天記得帶傘出門；要馬就得調

適心態，讓自己能夠偶爾跳入雨中。因為波爾圖下起雨時，太像是個任性、頑固的孩子了。

由北岸穿越路易一世大橋（Ponte Dom Luís I）下層來到加亞新城，南岸慵懶的棕綠色河畔，停靠著數艘隨水流微微晃動的小船。自木棧道上，望向一路走來的杜羅河北岸——我突然想起同樣以橙色屋瓦著名的布拉格。然而，相比兩座城，在杜羅河，不必站上城市高點，就能夠飽覽隨丘陵地起伏而高低錯落的大片橙色屋頂。

起身後，走進 Sandeman（酒莊），我恰好趕上十分鐘後開始的導覽。身著黑斗篷的解說員等候參觀成員到齊，便領著大家走入酒窖。昏暗、涼爽的酒窖空間裡，正如大家所想像——盡是一桶又一桶標示著年份、商

標的酒桶。正當解說員耐心、專業地講解時，一位大叔突然迸出一句「水池裡有魚！」（大家都笑了），解說員回覆「是的，這裏的溫度是牠能夠生存的」。我才發現……原來有人跟我一樣，分心在關心酒窖裡的魚是否游錯了地方。因為大叔的提問，我也因此獲得一個與酒窖沒有太大關聯的知識——酒窖裡，可以養魚。

結束導覽後，大家坐在長桌享用紅、白葡萄酒，坐在我右邊的英國男孩突然向我問起「妳為什麼來葡萄牙呢？」，我說「為了…瓷磚！更確切的說，是為了聖本篤車站的藍、白瓷磚」。反問男孩「你呢？」，他想都沒想便回答「為了波特酒！」。就讀之專業與酒類相關的英國男孩，首先向我分享他的品酒心得，接著說起三百多年前波爾圖的葡萄酒貿易與英國商人間的緊密關係。

1703 年，因梅休因條約（Tratado de Methuen）的簽訂，葡萄牙與英國之間的貿易開始互享優惠關稅。初期，杜羅河的葡萄產區因此迅速發展，於波爾圖釀造葡萄酒的英國商人也因此致富。後來，英國商人漸漸掌控飽和的市場、不斷壓低葡萄酒收購價格，兩國間的貿易情況，也因此轉為英國商人控制了葡萄牙的葡萄園園主。葡萄牙的紡織業，也因英國紡織品的大量引進而遭受重創。

對英國男孩而言，來到波爾圖，是一趟探訪葡萄酒歷史的朝聖之旅。在他聊起葡萄酒時，我發覺——當一個人為所愛事物付諸行動、侃侃而談時，談吐間會莫名地有說服力，炯炯眼神中也莫名散發著魅力。

眺望杜羅河兩岸

遇見一個人、聽了一則心願、了解一段波爾圖歷史。走出酒莊時,陰晴不定的波爾圖,正綻放透澈陽光。走回橋的下方,我打算從小徑繞往路易一世橋的上層步道,走回北岸。

進入上坡路途,起初,只有我一個人。直到路經 U 型轉彎時,才見一對男女,坐在轉彎處的階梯。奇怪的是,那對男女一見我,便起身、起步,在我停步、回頭時,又同時停下腳步(難道是想跟我玩 123 木頭人?)。那時,我靈敏的——或者說過於神經質的第六感——告訴我——不太對勁。眼看前後方少了其他旅人的身影,我增強戒備。將手機丟入後背包,將背包緊抱胸口,手上僅留下以髮圈繫在手腕上的相機,接著,佇立原地伴裝在拍照,等候其他旅人出現。

一分鐘後,約莫是家族旅遊的成群旅客出現了,我趕緊走在他們身旁,速速上坡。沒想到,就在我終於抵達上坡小徑的盡頭,回頭望時,原坐在轉角處的男子,對我比了中指……。那一刻,五味雜陳——約莫是 40% 的驚嚇與 60% 的自豪——在我心頭亂竄。驚嚇,是因為或許再少一點警覺或者多一些酒精作用,我的物品就有可能離我而去……;自豪,是因為感覺到——自己戰勝了一場心理戰。

在我仍陷在紛亂情緒裡時,一名男子向我走了過來,請我為他們一家人合照。輪到男子替我與路易一世大橋合影時,男子說「嘿,笑一個!」。雖然只是勉強地擠出笑容,與男子握手、相互道謝後,我的驚嚇情緒,卻被男子的熱情、逗趣稍稍緩和了。「世界上的善良,仍然是多一些的吧?」,回神望向眼前靜靜移動纜線上的纜車與矮牆上的仙人掌時,我默默自忖。

最後,走往橋的南岸,俯瞰下方——左側兩條岔開的馬路與群聚屋群,構成有趣的倒三角形;右側房

屋，則如積木般，有條有序地排列梯
田中。朝北岸走去，再次眺望——河
畔停靠幾艘大型船隻；馬路線條呈弧
形；斑駁、完整磚瓦交織的屋頂間，
依然是海港主人——海鷗悠哉翱翔
的姿態。牠們熟悉航線的模樣，彷彿
永遠不會迷航。

因肉桂捲而記憶深刻的夜晚

離開波爾圖的前一晚，我再次來到杜羅河畔。向晚時分，小酒館與露天咖啡廳，已入座一桌又一桌正享受河畔愜意的旅人。

走上石階，一見白色陽傘下有暖爐佇立，我立刻決定——今晚，我要待在這裡。選好座位後，穿著白襯衫的女店員拿來了菜單。點餐後沒有多久，熱騰騰的小巧蛋塔與蜂蜜牛奶，便前後送上圓桌。在令人醉心——杜羅河上空天色越來越藍，河畔氛圍越來越熱鬧——的場景裡，我拿起本子，紀錄此日。就在寫得十分起勁時，我順手，將蛋塔盤上的捲狀物體放入口中。咬著咬⋯⋯不知為何，就是咬不碎。困惑地抬起頭，想從盤中碎屑弄清楚自己到底吃了什麼時，站在門口，綁著率性馬尾的帥氣男店員，與我對到了眼。而且，我發現——「他在笑？」。

疑惑幾秒鐘後，男店員向我走來，接著盡可能不讓我感到尷尬地告訴我⋯⋯「那是肉桂捲」（香料）。儘管帥氣店員一臉靦腆且溫柔，我還是感到非常非常尷尬⋯⋯，也只好在他面前，將肉桂捲吐了出來。再次相視時⋯⋯我們都忍不住笑了。

直到天色從淺藍，藍，海軍藍，進入全然暗下的時分，停留河畔的音樂藝人不知已演奏幾首樂曲。浪漫旋律、慵懶歌聲、對岸燈火、並肩倚坐河畔的人影與靦腆店員，讓夜晚的杜羅河，成了在我記憶中——將浪漫，揮灑至極致的河畔。我愛杜羅河的夜，就如同愛上戈佐島的黃色小花、懸崖、夜空一樣深。這一晚，我再次感受到自己——完全屬於此時、此地、此刻。

Berlin,
Germany

柏林，德國

佇立布蘭登堡門前，遙想歷史變遷；

走近柏林圍牆，反思、發覺早已擁有的美好；

望入空白書架，看見一場令人惋惜的文化浩劫；

走入歐洲被害猶太人紀念碑，感受層層堆疊的恐懼與不安；

由亞歷山大廣場徒步至盧斯特花園，發覺柏林柔軟、慵懶的一面……

柏林——一座剛毅中夾雜著柔軟，現代繁榮與歷史微妙並存的城市。

投入明信片，與波爾圖道別。此日，乘上班機，我從 41° 9′ N 8° 37′ E 跨越西班牙、法國、比利時，抵達位於 52° 31′ N 13° 23′ E 的德國首都——柏林。

出機場，乘上快鐵。印象中，直到抵達轉車點，車廂內持續五分鐘，盡是坐在與我相隔一條走道的男子，因逃票而惱羞成怒與查票員進行爭執、自語碎念的聲音。隨車廂移動，一幕幕流動窗外的畫面，則為黃橙橙的天色以及因車速而看不清的樹木與屋宅。

直到現在，走進於我而言為「全新」的城市，我仍然需要一點時間，才能「開始卸下心防」。而踏進城市，直到卸下心防的一刻為何時，也沒有一定。那一刻，有時是在找到落腳處，再去超市進行大採買以後；有時，是買了杯熱咖啡，坐在窗邊，能夠好好觀察城市的時候；而有時，是在某地，遇見某個友善陌生人時。

而此日，就在快鐵進入我的目的地的倒數第二站，車長說了長串我聽不懂的德語。大家紛紛下車，一名站在我斜對角的男孩也許是看出我正狀況外，對視時，他微笑指了指車門，告訴我該換車了。那時，甫抵達一座城市，尤其是在夜裡會有的不安與戒心，頓時，都軟化了許多。我想，那就是我在柏林開始卸下心防的一刻吧。

走近柏林圍牆，反思、發掘早已擁有的美好

生活在脈動迅速的城市，柏林人自有緩和內心步調的方式

此日，直到清晨八點，醒在柏林的早晨……我幾乎只睡了兩個鐘頭。當時，在柏林尋找工作機會的德國阿姨已早起外出，前一晚請大家吃飯捲的兩位土耳其女孩——也許是終於等到隔壁房的學生群安靜下來——正熟睡著。一下床，昨晚與我聊過幾句話的中國女孩點了點我的肩，提議一同前往柏林圍牆。於是，漱洗後，我們便一同走上風和日麗的街頭。

一路上，我們從修課內容、超市物價、飲食喜好，聊到喝水習慣……，由各種面向分享各自於比利時、法國交換的瑣事與境遇。直到進入少有高樓遮蔽，草坪被艷陽曬得一片翠綠——接近柏林圍牆紀念館的路段，我們才慢慢停止對話。

進入草坪，鐵絲網、殘存的混凝土牆、相擁雕像——個個提醒著柏林曾被一分為二的歷史物件相繼出現。此時，我於柏林，貼近德國沉重的歷史片段。

1945 年，德國投降，第二次世界大戰結束。英美法三國共同占領西柏林，蘇聯則佔領東柏林。當時，基於政治、經濟等因素，許多東德人民（涵蓋眾多知識份子、年輕人）紛紛逃往西德、西柏林。東德政府為阻止人民逃離，自 1960 年放寬了對非法越境者使用槍枝的規定（1982 正式立法），1961 年則開始在東、西柏林邊界，建造封閉的邊防系統。隨時間推移，邊防系統最終被強化、加固為長達 167.8 公里的堅硬混凝土牆。

儘管如此，起建圍牆的 1961 年至圍牆被拆除的 1989 年間，仍有許多人以種種手段——跳下公寓窗口、衝刺硬闖、泳渡斯普雷河、潛水、挖地道、開車高速衝撞、駕駛飛機……——試圖翻越圍牆。數年間，共計五千多人成功逃離，三千多人被逮補，近兩百人身亡（人數仍存有爭議）……。一道牆，

竟能犧牲這麼多原本能夠相聚的歲月
及性命⋯⋯。

　遙想歷史事件的同時，我一邊走入
柏林圍牆紀念館。在裏頭，有張標
示攝於 13, August 1961 的攝相，是
兩名婦人抱著孩子，試圖在鐵絲網兩
側牽起手的畫面。盯著攝相，我想像
著被迫分離的心境，不禁打了個冷
顫⋯⋯。反思過去在台灣以及正於歐
洲旅途裡的自己，對於土地所擁有的
歸屬感與安全感，才發覺，原來我們
早已擁有經常被忽略的美好。

　離開柏林圍牆後，接著走往亞歷山
大廣場（Alexanderplatz）。世界
鐘（Weltzeituhr）前，一名穿著長
襪，站在車水馬龍中的男孩，正以溫
柔嗓音及充滿情感的吉他演奏，為人
們帶來場域裡最溫暖的元素。接著，
前往盧斯特花園（Lustgarten），
一名身著寬鬆白衫的男子，正面向柏
林大教堂（Berliner Dom），坐在

草地裡描繪教堂輪廓。走往柏林舊博
物館（Altes Museum），或坐、或
躺、或跑的人們，則在博物館前方的
草坪上，大方展現享受生活的種種模
樣。

　不經意間，我注意到一名坐在草地
上的男子，緩緩將長襪脫下，接著將
腳丫塞入草葉間——磨蹭、磨蹭、磨
蹭。我笑了。在充滿綠意、風和日
暖，適合光著腳丫感受草葉之柔軟、
日光之溫暖的午後，我才發覺——市
容相較其他城市顯得剛毅的柏林，也
有慵懶、柔軟的一面。而即使生活在
脈動迅速的城市，柏林人，也自有緩
和內心步調、享受日常美好的方式。

佇立布蘭登堡門前遙想歷史的變遷

走入歐洲被害猶太人紀念碑，感受層層堆疊而上的恐懼與不安

走過橫向的萊比錫大街（Leipziger Straße），進入威廉大街（Wilhelmstraße），我來到於 1785 年由國王腓特烈•威廉二世下令設計、建造——以紀念普魯士國王腓特烈二世（史稱腓特烈大帝）於七年戰爭中之勝利——的布蘭登堡門（Brandenburger Tor）。當時，數名旅人正圍坐布蘭登堡門下方；夕陽斜照在石柱與牆面上；高舉長矛（權杖）、老鷹的古羅馬神話勝利女神——維多莉亞，則駕馭馬車，矗立布蘭登堡門頂端。

說起勝利女神雕像，還得提及巴黎廣場。在 1806 年，拿破崙席捲中歐征服柏林時，曾將女神雕像運回巴黎。直到 1814 年，第六次反法同盟占領巴黎，雕像才又被運回到柏林。當時，為慶祝擊敗拿破崙以及佔領巴黎，布蘭登堡門前原簡稱為廣場（Viereck）的場地，才因此有了巴黎廣場（Pariser Platz）一名。

時間後拉至二十世紀，布蘭登堡門曾與柏林圍牆，一同阻隔東西柏林，直到 1990 年 10 月 3 日，又一同見證德國統一。因此布蘭登堡門，不僅被視為歐洲、德國動盪歷史的標誌，也被視為歐洲和平的象徵。而此時此刻，走入此地，在我周圍的，已是旅人安閒佇足，自行車悠然經過的和平、安逸景象。

由布蘭登堡門進入艾伯特大街（Ebertstraße），轉往左側街道，下一站，我走進了由 2711 塊灰色混凝土板——由低至高排列——構成的歐洲被害猶太人紀念碑。

當時，望見眼前景象——混凝土板層層疊高、光線越來越少，而延伸、轉變在我心裡的感受，使我想起以納粹德軍侵略波蘭猶太人為背景所拍攝的電影——《戰地琴人》（The pianist）。電影中，主角鋼琴師 Szpilman 一家從一同生活，遷入猶太人居住區，被迫分離駛向集中營。直到最終，剩 Szpilman 一人獨自飄蕩戰後廢墟。——恐懼與不安，是一層又一層地堆疊而上……

走回到紀念碑外圍，一顆松果悄悄落在混凝土板上，它的模樣，彷彿正溫柔傾聽、安撫沈痛的歷史。

Dresden,
Germany

德勒斯登，德國

走入易北河畔，欣賞草坪與水流間的慵懶、愜意；

徜徉宮殿廣場，感受巴洛克藝術的古典、華美；

瀏覽王侯馬列圖，遙想薩克森維廷王朝的鼎盛與雄偉；

登上布呂爾平台，下望曲線優美且充滿聲息的巷道—— Münzgasse。

德勒斯登——儼然一座露天音樂舞台，飄流其中的浪漫音符以及人們不顧一切

跳入旋律裡的自由、奔放景象，使我打從心底愛上此座城市……

正中午，拉著行囊，來到柏林公車站。由數個標示著德國與周邊城市——漢堡、萊比錫、布拉格、奧斯陸……——的站牌中找到德勒斯登，我便乘上熟悉的綠色巴士（flixbus），朝德國東南部移動。

下車後，等待過斑馬線時，一位騎士也許是看見我正盯著手機裡的地圖。推下墨鏡後，他面帶燦爛笑容對我說「妳來旅行嗎？」，回覆「是的」以後，騎士繼續友善地詢問是否需要協助。他的出現與善意，讓我開始對此座城市充滿期待。

拖著行囊，步行約二十分鐘，終於——我抵達當晚下榻地點。走進門內，前台空間不華麗也不新穎，淺綠色牆面貼滿種種文字與圖畫，通往廚房的空間則擺有幾張復古風格的椅子。自身著紫藍色碎花洋裝，留著金色短髮的女孩手中接過鑰匙串，我便動身爬上位在三樓的房間。幸好……當時伴我流浪的，只是二十吋大的登機箱。

轉開房門門鎖，第一時間，我以為自己走進小朋友的遊戲間……六張床，居然都各綁著一隻玩偶。研究每張床各有什麼動物時，靠窗那張上鋪旁的米白色窗簾，突然隨微風的吹動，飄了起來。見此畫面，我便毫不猶豫地決定——我要睡那張床。

睡在窗邊床位的幾天內，印象最深的一件事，是某天早晨，窗外突然傳來音量大得就像是透過傳聲筒直接傳入房裡的哭聲。當時，我以為一、兩分鐘後，哭聲便會結束，殊不知過了五分鐘——哭聲持續……我終於忍不住靠近窗子一探究竟。原來是對街街道上，一名坐在自行車上的小女孩，正在與母親進行一場拔河。

路過的行人看了幾眼便走過，而我卻開始好奇劇情將如何發展。回想若是在台灣，媽媽可能已經把小孩硬拉走了吧（印象中，小時候在賣場買不到玩具大多是這麼結尾的）？不知又過了幾分鐘，女孩依舊聲嘶力竭地宣洩她的不悅，有趣的是她的母親依然「神情冷靜、淡然地」坐在距離女孩約三步距離的地方。

直到女孩哭累了，甘心踏著她的粉紅色自行車隨媽媽離開，這場拔河才終於在母親帥氣的冷處理下劃上句點。想了想，讓孩子完整宣洩情緒，再從拔河中學會——可以哭，但哭不一定能妥協，或許也是有效、可能一次到位的學習方式喔？畢竟，誰願意哭得如此辛苦，卻仍然買不到冰淇淋或玩具呢……也許下一次，女孩就學會與母親溝通了吧？

Dresden

173

　　跨出佈置令人眼花撩亂卻又耐人尋味的旅舍，我由內新城區街道一路前往主街（Hauptstraße）。途中，女士們靠坐在牆邊木椅上交談；頂著啤酒肚的男子豪爽暢飲啤酒；小朋友們則攀著冰淇淋櫃，挑選口味。而我，手裡握著優格冰淇淋，一路向南，抵達主街。在主街盡頭，耀眼佇立的雕像，正是薩克森選帝侯（有選舉皇帝權利的諸侯）兼波蘭國王——奧古斯都二世駕馭馬匹，朝往波蘭方向的金色雕像（Goldener Reiter）。而見到金色雕像，連接新城與舊城的奧古斯特橋（Augustusbrücke）與名稱源於斯堪地那維亞語之「河流」的易北河（Elbe）也就在眼前了。

　　下階梯，我首先走入易北河畔。河畔上，人們幽會、平躺草坪、野餐、將自家椅子搬入草地、彈木吉他、練習拋接酒瓶。——種種品味生活的方式與模樣，使草坪與水流周邊的一切，都顯得輕鬆且愜意。

　　由北岸橋墩望向對岸——宮廷教堂（Katholische Hofkirche）宏偉聳立橋墩右側；現代藝術博物館（Albertinum）、聖母教堂（Frauenkirche Dresden）、

地方高等法院（Oberlandesgericht Dresden）則由左而右，構成橋墩左側背景。一座又一座巴洛克藝術風格建築，生動地勾勒出德勒斯登古典、華美的天際線。

走上自行車與黃色有軌電車斷續行經的奧古斯特橋，下一站，我接著進入充斥著巴洛克藝術之古典韻味的宮殿廣場（Schlossplatz）。佇立廣場中，視野橫掃四周——二戰後經重建而保有昔日恢宏的建築群——地方高等法院、赫斯曼斯塔（Hausmannsturm）、宮廷教堂，一幕一幕，都在眼前了。細看宮廷教堂，還可見建築外牆中因歷經戰火、重建歷史，而出現的深淺不一的石塊。

朝 Augustusstraße（街道）走，接著，我來到以 102 公尺長延展於牆面，二戰時，曾奇蹟似躲過戰火摧毀的王侯馬列圖（Fürstenzug）。王侯馬列圖，原為 19 世紀末，以斯格拉斐托灰泥刮畫法繪製而成的壁畫，現今所見，則為 20 世紀初，為將精緻畫作完整留存，而以防水的兩萬三千多片邁森（Meißen）瓷磚拼貼重現的模樣。瓷片中，飄揚的旗幟、王者驍勇駕馭馬匹等圖樣所傳達的，正是薩克森維廷王朝（Haus Wettin）的鼎盛與雄偉（維廷王朝由麥森藩侯於 11 世紀初創立於德國薩克森，是薩克森區域最有勢力的家族）。

循著爵士樂音符傳來的方向走去……

盯著明信片，向我說「Amazing!」的德國阿姨

　　繞上高等法院的階梯，走往飄來爵士音符的布呂爾平台（Brühlsche Terrasse）。我靠在牆邊，下望馬路，將視線由車水馬龍後推至河水與北岸河畔。——馬路後方，船艇悠然航行於易北河；更後方，渺小人影則以樹叢為背景，散落草坪。整座城市，看來既熱鬧卻又不顯匆忙。

　　轉往另一側牆邊，在我的視線裡呈微彎曲線的巷子，是德勒斯登整座城裡，最令我傾心的一條巷道——Münzgasse。遠觀、近看、傍晚、夜晚，Münzgasse 總是流動著輕鬆、浪漫氛圍，人影也總填滿巷道與兩側餐館中。

　　路經 Münzgasse、圓頂高達 91 公尺的聖母教堂以及新市集廣場（Neumarkt），下一站，我接著來到聖十字教堂（Kreuzkirche Dresden）的周邊商場。走入商場，空手離開後，由於聽見不遠處傳來模糊而輕鬆的音樂聲，我循著聲音傳來的方向走去——繞過石牆之前，交談聲、笑聲越來越大；石牆之後，聲響開始將我包圍，露天舞台、啤酒攤販、香腸攤販也隨之映入眼簾。原來，傳來音樂聲的地方，是正進行爵士樂演出的露天舞台。

將視野轉往舞台前方，男女老少個個搖擺身子，有人牽著伴侶的手，有人則隨性拉起正好在身旁的那雙手（即使是陌生人）。音樂告一段落，恰好出現另一側的人，即成為下一首曲子的舞伴。

滑稽、可愛的組合，自由、奔放的場面，使我打從心底愛上此座城市。點了杯小麥啤酒，在兩位德國阿姨對面的位子坐了下來，我繼續欣賞其實不清楚正在慶祝什麼的慶典。

中場休息時，拿起黑筆，我一行一行地填寫明信片，就在偶然間抬起頭時，我發現——對面的阿姨，正用一種「不可思議」的神情，盯著我飄逸的字跡。對她笑了笑以後，阿姨對我說了句「How?」，我告訴她「這是繁體中文」，阿姨又再次以逗趣的神情說「Amazing!」。其實，這已不是第一次遇見歐洲人以此般神情盯著中文字了。　　　　　，我換個角度，想像從零學習、認識中文字的感受。我才發覺——與中文字已相處二十年之久的我，曾經所忽略的，還有中文字一筆一畫間蘊藏著含義的美。

從他人的角度，再次審視自己周邊原有的一切，原來，也能意外察覺——自己也擁有著種種在他人眼裡，被歸類為「特別」的事物。

表演來到尾聲，我起身走訪奧古斯都二世因見法王路易十四所建之凡爾賽宮的輝煌，而於 18 世紀初建造的茨溫格宮（Zwinger）以及曾為眾多歌劇首演場地的森柏歌劇院（Semperoper Dresden）。　接著，前往微妙融合羅馬式、巴洛克式、新文藝復興風格的德勒斯登王宮（Residenzschloss）。當時，若不是黃色電車從旁經過，提醒我現在是 21 世紀，在漸暗的深藍天色裡，走過盞盞橘光亮起的古典建築旁，時間，就彷彿逆轉回到數個世紀前……

音符也許是愛上了易北河與巴洛克藝術氣息，德勒斯登各處，
皆是它們的身影⋯⋯

與德勒斯登道別的前一晚，為音符也為景色，我再次流連、徘徊已不知走過幾回的宮殿廣場。迴廊裡，穿著灰色西裝的男子與身著藍色洋裝的女士，正高歌安德烈•波伽利與莎拉•布萊曼合唱的 Time to say goodbye。動人歌聲結合經典樂曲——難以言表的浪漫，幾乎留住了所有路經迴廊的旅人。

登上布呂爾平台，小女孩逗趣地攀著街燈嬉戲；經典巴薩諾瓦樂曲——One Note Samba，帶領人們沈浸德勒斯登的慵懶式浪漫；人們則圍繞餐館外的輕快音符隨興起舞。

這裡的人，似乎總能不顧一切地跳入旋律。他們沒有包袱，沒有自我拘束，只有享受當下。而將城市裡的古典美景結合這一切——「好想在這座城住下來」的念頭，總浮現在我腦海中……

當天色悄悄轉為粉紫色，莫札特的《魔笛》經古典樂手們精湛的演奏，震撼廣場各處。人們自四面八方聚集而來，找尋各自喜愛的位置——階梯上的任何一階、與愛人相擁的牆邊，留步欣賞演出。

就在人潮將注意力從宮廷教堂後方冉冉升起的熱氣球，再次拉回至古典樂手身上時，一名身材纖細，將黑髮紮成髮髻的女孩，隨古典樂奏起，於階梯間起了優雅舞步。在女孩以輕盈姿態旋入廣場後，一場無違和——浪漫樂曲結合曼妙舞姿——的即興演出，就此展開……

建築的古典韻味，激起音樂家的浪漫性情；浪漫音符，點燃了舞者與人們的舞步………——德勒斯登，不僅是一座擁有巴洛克古典韻味的城市，同時也是一座處處飄流音符——將音符以最親和之方式呈現給人們——的露天音樂舞台。

Copenhagen,
Denmark

哥本哈根，丹麥

"Just living is not enough, said the butterfly, one must have sunshine, freedom and a little flower." —Hans Christian Anderson

安徒生的童話故事裡，有這麼一段話——「只有活著是不夠的，一個人，需要有陽光、自由與一朵小花，蝴蝶說」。走進安徒生曾居住的城市——「陽光」，躺進牆面中有著大窗子的餐館，灑落家具店裡的小物，蹓躂花崗岩廣場……；「自由」，就呈現在人們沈醉所進行之事物的神情、語調、動作之間——也許是在阿麥廣場中忘形狂舞，也可能是在家具店裡為家飾品輕輕拂去灰塵；「小花」，則因人而異……，對小朋友而言，那朵「花」，也許是草坪裡的蓬鬆蒲公英，於父母而言，可能是孩子的童言童語或者笑開的臉。

夏日，再次走訪哥本哈根——整座城市在我眼裡，正是一座「活著」、生機蓬勃的城市。

春夏交替的五月尾聲，再次跳上車，我便展開由南朝北——為時長達 9 小時的移動。半睡半醒地在平穩車速裡前進，我模糊地記得，車子在駛入某個通道後，便停了下來，而那時，狀況外的我，完全搞不清楚發生什麼事，只好起身，跟著其他乘客一起走下車。直到一名——將黑髮紮成馬尾的——男孩，大概是終於遇見一名比自己更狀況外的人，而興奮地跟我說「妳也是現在才知道我們在一艘船上嗎？哈哈，我也是！」，我才知道——原來，船舶將航行波羅地海（Baltic Sea），帶我們進入丹麥境內。

由船艙內階梯走往大廳，狀況外的我，持續出現第一次搭超新、超乾淨大船，會有的各種行為舉止與反應。

闖蕩船艙內部，我發現——船艙超市裡，有販售相機記憶卡等 3C 產品（於是我在船上買了我的第三張相機記憶卡）；用餐空間的角落，有整趟歐洲旅途裡，遇見的第一台夾娃娃機；上層船艙，則有超乾淨的淋浴間。走進此般明亮、寬敞、整潔的大船，我默默自忖……我願意放棄預定好的旅社，暫留波羅的海數日……

除了第一次搭北歐大船的新鮮印象，在船艙裡，我也做了一件令自己印象深刻的糗事。在購買 32GB 相機記憶卡時，我問店員「這可以放在相機裡吧？」，店員看了看我原有的記憶卡後，以帶了點不確定的語氣說「嗯……可能要試試看喔？」。

航行波羅的海

「嗯……先去再說囉！」

由我的無知問句所展開的此段對話，就好像亞洲跟歐洲的 SD 卡會因出現在不同洲，而有不同構造一樣。就在我將包裝拆開，把 SD 卡放入相機且拍下第一張照片以後，在我心頭的感受……就好像第一次在法國提款機成功取出歐元時，確定提款機上「PLUS」字樣與台灣的「PLUS」是同個東西時的心情——對自己的疑慮或者無知，感到拍謝（不好意思），卻也對「獲得正解」這件事（即使是件小事），感到雀躍。無論如何……能將疑問化為解答，總是好事囉。

接著，走往戶外區——日光強烈地照射海面；海風強勁而涼爽地吹往各處，露天空間裡的錐形結構，讓陽光灑入船艙；色彩鮮明、形狀可愛的橘色、海藍色、白色椅子則裝載著正享受日光浴的人們。

當我將注意力轉向船頂裊裊上升的煙，突然，一聲「Hey!」出現在我耳邊。原來，是剛剛在車上遇見的男孩。男孩一邊捲起手裡的菸草，一邊向我自我介紹。握手後，他問「妳打算到哪呢？」「哥本哈根，你呢？」「奧斯陸」「去旅行嗎？」「算是，也可以說……想去賺點錢」。長我三歲的義大利男孩說，北歐的薪資高，

恰好又有朋友可替他安排住處，所以他決定去挪威首都尋找工作。

而當我問他打算做什麼工作時，男孩笑笑的說「嗯……先去再說囉！」。見男孩的神情，我突然覺得……好熟悉。好像看見自己。那略帶徬徨的模樣，大概就是每當他人或自己問自己「回去後要做什麼呢？」時，出現在我臉上的表情吧。

原來，對於未知的未來感到迷惘、猶疑，不只發生在我、朋友身上，定居不同洲、年齡相近的我們，不需多加說明，便能明白彼此心境……

聊著聊，我們不約而同望向色調與水面皆呈沈穩模樣的海面。我想，在我們心中，大概都有著一點想法、一幅待一步步前進，一筆一劃去修剪，才能拼湊出的藍圖吧。所以說……「先去再說囉！」無論如何，先朝那方向，跨出一步吧。

船舶準備靠岸時，我們回到公車上，在車子重出江湖——發動——後，長達九個小時的遷徙……總算進入丹麥土地。前往市中心途中，冬日覆蓋一地的白毯，已轉換成綠草如茵，蔓延數公里的清新草坪。

沿著在降雪的冬季便成為露天溜冰場的國王新廣場（Kongens Nytorv）與丹麥皇家劇院（Det Kongelige Teater），我來到作家安徒生曾居住岸邊 67 號與 18 號房屋的新港（Nyhavn）。當時，數艘木船依偎岸邊；人們並肩享受日光浴；吉他手則坐在小販旁歌唱。少了遍地積雪與人們踩踏雪地的腳印，夏日新港，依舊是人潮滿溢的熱鬧景象。

跳上公車離開後，下一站，我再次來到冬日遇見丹麥阿姨的 Café Norden。走入大門以前，露天座椅高朋滿座，藤編花籃中綻放著粉白色花朵；入門後，餐椅椅背少了人們的厚重大衣，熱拿鐵盤內依舊附上兩塊餅乾，人與人之間……則依然浮動著暖流。二訪 Café Norden，只有再次愛上這裡的感覺。

當晚，回到旅舍，我與外表文靜、總面帶微笑的室友 Astrid 聊了起來。Astrid 是一名隻身前往丹麥參加志工活動，同時學習丹麥語的德國女孩。當時，她趁著活動放假期間，前往哥本哈根旅行。

對話中，得知 Astrid 小我一歲、尚未進入大學，我因此詢問她未來是否有進入大學的規畫。那時，

先了解自己，再走下一步的德國女孩Astrid

哥本哈根依然是那座以溫柔包圍人、事、物的溫暖城市

Astrid 沒思考太久，便以令我印象深刻的方式回覆——「我喜歡自然，也希望可以保護環境，若要進入大學，我打算選擇與保護、研究自然環境相關的科系」。

她的答案，是如此明確；眼神，是如此堅定。而最是令我印象深刻的，則是她的選擇方式。她的選擇，是源於知悉自己所好——關心「自己喜歡什麼、能夠在什麼領域結合興趣，發揮所長」——，所延伸出的結果。也許正是因為如此，我才能感覺到她眼神裡的篤定與堅定吧。

雖然，面臨選擇科系的時間點，對我來說已是——說長不長，說短也不短——四年前的事情了

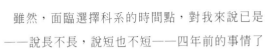

（對於自己過去的選擇，雖不像 Astrid 那般明確，但也沒有後悔。也許是那時的選擇，帶我走上旅行。），然而，Astrid 的選擇方式——「先了解自己，再走下一步」，於我而言，依然值得學習、反思且應用於未來。因為各種各樣的學習，是一輩子的事，而或大或小的選擇，也依然出現在我們的每一天。

反思後我告訴自己——「哪天……強烈感覺到喜歡什麼的話，妳就認真地試試看吧」。認識自己，我想，也希望永遠不會太晚。

離開哥本哈根當天，地鐵上的小女孩坐在她專屬的高級座位裡皺眉、自語，有時，激動得就像是有人在跟她對話。她一個人說得開心，旁邊的大人笑得更是開心。整個車廂，滿是女孩無意中帶來的歡愉氛圍與笑容。當時，我想起了冬日拜訪哥本哈根，在公車站裡遇見——與母親不停對話——的小男孩。沒想到對比兩次旅程，對於此城的最初與最終印象，竟是如此相似。除了隨季節變換而產生的改變——日照時間拉長了，葉子綠了，人們的厚重衣服換成了輕便服裝。哥本哈根依然是那座以溫柔包圍人、事、物，處處看得見笑容的溫暖城市。

London,
United Kingdom

倫敦，英國

走在氤氳泰晤士河畔，感受略帶神秘卻又令人感到舒坦的氛圍；

前往白金漢宮，欣賞騎兵衛隊之英姿；

由聖詹姆斯公園走往海德公園，徜徉一路蔓延的綠意之中；

走入海德公園，邂逅因觸感柔軟而被稱為「小羊耳朵」的棉毛水蘇。

夏日倫敦——白天地鐵站裡充斥快步、倉促景象；夜晚，則以慵懶、微

醺姿態緩和了下來……

上地鐵，前往哥本哈根機場。抵達時，自冬日殘存於腦海中——女孩奔跑在藍、黃色彩繪玻璃窗邊的場景，咻——地跑過我的腦海。猛然間，我才意識到——日子已從二月，進入五月底。沿指標走往廉價航空候機室，手機螢幕突然顯示一封訊息——「我找到餐廳的工作了！」，是幾天前在船上遇見的義大利男孩捎來的好消息。回想那天在船舶露台上對未知生活與未來略感徬徨的對話——真替他開心。所以說……「先去再說囉」！

飛行北海上空約兩個小時後，我在晚間八點抵達倫敦。通關後，原想由提款機領些英鎊，結果信用卡出問題，沒領出半點錢，我便取回卡片，轉車來到市中心。當晚，走進旅舍，前台人員表示旅舍「沒有提供歐元兌換，且不接受以歐元付費」。於是，將行李擱在前台，我立即衝出大門，上街尋找可兌幣的店鋪。然而當時已是夜晚十一點，街道裡的商店幾乎都打烊了……。站在街頭……我只剩下難以形容的無助，後來，也只好硬著頭皮走回旅舍。

幸好，再次向前台人員解釋我的困難後，他從自己的錢包掏出二十英鎊跟我兌換歐元。雖然信用卡的問題仍未解決，但今晚至少有床位可歇息了。

隔天早晨，去了趟超市，原打算用刷卡的方式買點食物，沒想到信用卡持續失效……連 0.5 歐元（約台幣 17 元）的香蕉都買不到……數了數錢包裡剩下的現金，也只夠再支付一晚的住宿費用。——「該不會要露宿街頭了吧……？」，盯著眼前帶不走的香蕉，我感覺到自己開始陷入恐慌。雖然已寄信給法國銀行的阿姨（帳戶顧問），但當日恰逢週六，她能回覆我訊息、替我處理的時間，最快也是兩天後的早晨。待到那時，我約莫就已多了一項——「露宿倫敦街頭」的體驗，或許還能寫個心得感想……

絞盡腦汁想了一段時間，最終，我決定中途返回法國處理，只是……為了已購買的演唱會門票，還是得再次入境英國。而就在想好這個解決方法時，訂房網站上「不可取消預定床位」的規定（未入住同樣需付款）又成了另一個問題。第二次入境倫敦，繁雜瑣事，一個接一個，如浪潮般……向我席捲而來。

187

沿泰晤士河畔走，倫敦的夜，以慵懶、微醺姿態，緩和了下來

被理解的無奈

返回法國前一天，於西敏橋再次瞻仰大笨鐘與國會大廈的壯觀身影，我走過冬日曾迷路過的街口，行經小說家查爾斯•狄更斯（Charles Dickens）曾居住的大羅素街（Great Russell Street），來到以 3312 塊三角形玻璃組成大廳屋頂的大英博物館（The British Museum）。夜幕前夕，則將整整兩個小時的時間，全給了莫內曾於一個半世紀前，以朦朧筆觸描繪瀰漫光與霧的泰晤士河。當日，氤氳的倫敦，與冬季下起清晨細雨的場景好像，依舊是將距離拿捏得宜，彷彿披上一層神秘面紗，卻令人感覺舒坦的氛圍。

以滑鐵盧橋下為起點，走過黑衣修士橋（Blackfriars Bridge）、千禧橋（Millennium Bridge）、南華克橋（Southwark Bridge）、倫敦橋（London Bridge），直到晚風吹起，皎潔上弦月懸掛倫敦塔上方——我來到了倫敦塔橋（Tower Bridge）。

順著鋼索以拋物線狀延展的畫面

走入橋中央，醒目的市政廳、閃爍繁華燈
火的高聳大樓，正於右側，展現全球城市
的繁榮。旋下階梯，進入南岸，晚霞、燈
泡串點醒夜晚的泰晤士河，微涼晚風則流
轉啤酒瓶、紅酒杯、人群之間。

　倫敦的夜，以慵懶、微醺的姿態緩和了
下來，白天地鐵站裡的倉促、快步，都是
太陽升起後的事情了。

　回到旅舍後，即使知道機率極小，我仍
走向留著棕色捲髮的前台人員說明基於信
用卡問題，必須中途返回法國的情況，並
詢問是否能夠免費取消預訂的床位。出乎
意料地，他竟一臉充滿同理心——彷彿完
全可以理解我的無奈——，立即撥打電話
至訂房網站替我處理（因網站上的預定，
必須透過訂房網站才得以取消）。向他道
謝後，他笑著說只是小事，我依然充滿感
激，不論是對於少虧六十歐元，或是他友
善的回應與協助。

　冬日、夏日，倫敦都給了我——在無助
時，總會有天使般的貴人出現的回憶。真
的非常感謝。

London

Paris,
France

巴黎，法國

雨果曾說——「細想巴黎的深度，你
會感到昏眩。沒有什麼比它更驚人、
更悲慘、更莊嚴」。

夏季，再次走入巴黎……仰望艾菲爾
鐵塔的優美弧度與曲線，以滴水怪獸
的視角眺望城市及塞納河水流，沈浸
莫內的睡蓮池邊，入座露天座椅，享
用一頓早餐與清晨氣息，目睹奔放雲
彩下的羅浮宮，歷經驚魂夜晚……，
巴黎，著實令人驚豔，也依舊有著一
體兩面。

也許是這陣子的英國分外不平靜，演唱會臨時取消了……。失落地自英國河畔城市 Hull（赫爾）返回倫敦轉車，凌晨時間，我再次穿越英吉利海峽，前往巴黎。在半睡半醒中完成三分之二的車程，天際透出一絲光亮時，我醒了過來。當時，望見窗外綠了一片的法國土地，我強烈意識到三件事情———，真的一個人完成布拉格至倫敦的旅程了。二，二十幾天後，法國就是與我相距幾千公里的地方。三，一個人流浪的日子，來到最後的七十二個小時。意識到這些……五味雜陳——不真實、感動、不捨，各佔比例浮動在我心頭。

清晨七點，終於抵達巴黎。領好行李，我沿著冬日走過的路徑，來到大街旁的商場大樓。當時，筋疲力竭但神智還算清醒的我，一走進自動門，便感到一陣熟悉——是里爾商場的味道！冬日每走完二十多分鐘的路程抵達里爾商場，就是這股氣味混合著暖氣，溫暖包圍著我。雨果（Victor Hugo）曾說「Nothing awakens a reminiscence like an aroma.」——沒有任何東西能像氣味一樣喚起回憶。此時此刻，因為這股氣味，我感受到久違的熟悉感。更詳細地說，應該是幾個月以前準備進行食材大採購的興奮感與溫馨感，延伸成了此日的熟悉感與安全感。

接近旅舍入房時間，我從商場內的咖啡館起身，前往巴黎十八區。一完成入住手續，進入八人房，便直接進入倒頭大睡的狀態。這天，我除了走到距離旅舍最近的家樂福超市採買糧食外，哪兒都沒去。體會過赫爾至巴黎——長達十四小時——的車程，換來強烈疲憊感後，我向自己保證……再也不跳上車程超過十個鐘頭的公車。

隔日——獨自旅行的最後一天，我揹起背包，再走一回巴黎。凱旋門前的旅人依舊不減；香榭大道依然繁華、絢麗；巴黎地鐵上的人們，則一如既往地是那巴黎式神情。

悠晃至夜晚八點，與隻身旅行的旅程完成某種形式的道別，我乘上地鐵返回旅舍。就在我跨出車廂，快步朝出站大門走去的途中，一名比我高一顆頭的壯碩黑人，在某個轉角處，用手臂撞了我的肩膀，接著，以惱怒神情碎念著長串在我聽來就像 Rap（完全聽不懂）的字句。因曾耳聞這是在巴黎地鐵站內常見的竊盜伎倆（趁人們誤以為是自己撞到他而停步道歉時，讓後方同夥有機會扒走或者搶走物品），因此我沒有停下腳步，直繞上樓梯。然而當下，在我努力保持冷靜的外表下，心頭全是難以言喻的混亂。原打算繞往超市買麵包，卻因情緒而喪失方向感，走到另一條巷子裡去……。巴黎，依然是這種樣子，讓人又愛又恨啊。

191

期盼許久的會合日終於來臨，梳洗、整頓好以後，我拉著行囊至北車站等待。幾分鐘後，階梯口冒出熟悉的黑色捲髮、熟悉的臉龐，以及三十吋超大行李箱，我知道——是老媽到了，而在老媽身旁同樣拖著大行李，看來是準備要帶不少伴手禮回家的，就是表姐。

在車站大廳上演了一段久別重逢的激動畫面，相擁後，我們便動身前往位在巴黎九區的旅館寄放行囊，接著，在夏日驕陽下，展開旅程。

走在夏樂宮（Place du Trocadéro）外圍步徑，鐵欄杆上攀有白色小花與藤樹的宅邸透著幾許清新。耶拿橋（Pont d'Iéna）兩端行道，擺滿鐵塔吊飾等商品。登上由居斯塔夫・艾菲爾（Alexandre Gustave Eiffel）所設計的艾菲爾鐵塔，眺望塞納河貫穿城市的線條以及房屋密佈城市的景象——巴黎，依然是那座令人昏眩、驚豔的城市。

回到鐵塔下方，與老媽、表姐一同品嚐又酸又甜的冰沙時，我仰望能夠不停延伸視線至高處的鐵塔鋼鐵結構。再次來到艾菲爾鐵塔，於我而言最美的風景，依舊是建築本身的曲線、弧度以及建材色彩。

至於以眺望視角觀覽巴黎，我更喜歡凱旋門頂端以及巴黎聖母院塔樓與城市風景間的距離。在那樣的距離裡，能夠看見街道裡的光影變換、人車雜沓，而以300公尺之身段構築巴黎天際線的艾菲爾鐵塔，也會一同現身視野中。

享用完冰沙，我們接著走往鐵塔旁，名稱源於戰神馬爾斯的戰神廣場（Champ-de-Mars）。廣場中，冬日乾燥、枯黃的土壤長出了青綠色草皮，側邊枝繁葉茂的綠樹，也被修剪成矩形狀樹籬。

信步沿塞納河左岸走往亞歷山大三世橋（Pont Alexandre III）——家庭、情侶各佔據河畔長椅；孩子們在橋下一隅玩耍、嬉戲；一名女孩則擠著可愛的小臉，賣力駕馭小自行車，穿越亞歷山大三世橋下。對比冬日與夏季，此時的巴黎，處處流轉著清新、輕快的氣息。

推開旅舍大門，氣溫大約是涼爽的攝氏二十度。一路朝塞納河方向前進，此日，我們的第一個目的地，是位在巴黎第一區，距離羅浮宮僅有五分鐘腳程的早午餐店—— Claus。

晨曦於房屋上方傾注明朗色調；擺有露天藤椅的咖啡館耐心等候人們入座；穿搭休閒的男子牽著狗兒悠哉跨越斑馬線；房屋前的紫紅色小花則朝街道探出了頭。——一路上，所有景物，都沐浴在巴黎清晨舒爽的氣息裡。

進入巴洛克式浮雕不時現身石材拱門間——商業大樓與銀行匯聚——的巴黎第二區，再由 Rue du Louvre 拐入小巷，某棟房屋的長串綠葉從二樓窗台直直垂落至門的上端；橘色燈光打亮整個一樓空間；女士們則於玻璃窗內的雙人桌優雅用餐——此時，我們抵達了 Claus。

走入店內，服務人員領我們走上木質階梯，入座二樓座位。餐點一一送上小圓桌後，盯著滿桌子的細緻餐點，我們竟有些不知該從何下手。「司康佐果醬還是奶油呢？」、「先喝果汁還是咖啡呢⋯⋯?」，猶豫了一會，我決定先嚐一口碗內鋪滿藍莓、蔓越莓、覆盆子、草莓與堅果的優格燕麥。

徒步四十分鐘才得以享用的早餐，令我們加倍珍惜，而與老媽、表姐一同分食麵包籃，也令我感到心滿意足——好久沒跟熟悉的人一起吃早餐啦。在一個人流浪數個月以後，過去稀鬆平常的小事，於此時，都顯得格外特別。

從滴水怪獸的視角眺望巴黎

露天早餐

上地鐵，來到巴黎第五區。一出車站，巴黎，又給了我們一次風和日麗——透澈日光自枝葉間，輕盈灑落街頭。而空腹的我們，一見位於聖米歇爾廣場旁的露天餐館，便隨性入座。

研究了一下菜單，在組合套餐中最基本的巴黎式早餐（Parisian breakfast），含有橙汁、熱飲（黑咖啡、熱可可、咖啡歐蕾或茶）、佐醬可頌（Pait et Croissant）；英式早餐（English breakfast），比巴黎式早餐多了一份歐姆蛋；可麗餅早餐（Crêpe breakfast），則顧名思義多了源於法國西北部布列塔尼區的可麗餅。觀察周圍桌面上的餐點，我們選擇後兩者，外加一盤小黃瓜生鮭魚、一盤生肉片起司。這頓早餐，論餐點、裝潢、服務，都不算突出，然而它的地點、座位（街頭裡的露天座椅）卻絕對值得體驗。

試一回，你肯定也會發覺，在呼吸得到巴黎清爽氣息、看得見街頭人潮輕快步伐的環境裡享用一份早餐，與坐在室內用餐，是全然不同的感受。

微風徐徐流動周圍之時，享用完四人份早餐，接著，我們起身，加入正徒步浪漫城市的人潮，朝小橋（Petit Pont）走去。進入西堤島（Île de la Cité）前，我靠著小橋石牆，欣賞塞納河悠緩流過巴黎聖母院（Notre-Dame de Paris）左側的景象——聖母院依然古典、莊嚴，冬日裡顯得別有詩意的枯枝已蔥綠成蔭。

過橋來到法國浪漫文學作家維克多・雨果於《鐘樓怪人》中所設定的故事場景——聖母院，雲朵正以心形模樣漂浮建於 12、13 世紀的哥德式建築上方。走入建築內部，由數根蠟燭層層圍繞的華美吊燈、瑰麗玫瑰窗、信徒們擺上燭火的殿堂，使聖母院內瀰漫著一股肅穆、莊嚴氛圍。

排入登塔隊伍近一個小時後，總算輪到我們起步攀登共 387 階的窄短階梯。拿出耐心與耐力，繞了數圈 360 度，踏上最後一階——張嘴的、瞪大眼的、大快朵頤的、托腮望景的滴水怪獸，終於現身眼前。

雖然在傳說中，滴水怪獸的建造是為了嚇唬惡鬼，然而看著他們，我卻有種「真是莫名可愛」的感受。自怪獸們的視角，俯瞰另一種垂直距離的巴黎風光，榮軍院因金色圓頂而顯奪目；象徵性地標——艾菲爾鐵塔，氣宇軒昂地佇立建築群中；藍綠色的塞納河，則流動在頂部為法國孟莎式雙坡屋頂的房屋群前方。整座城市，明朗且優美。

（得知聖母院遇祝融之災，真的十分不捨。希望有朝一日，能見聖母院恢復原有的古典樣貌。）

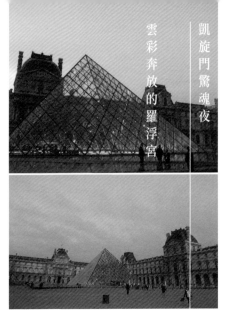

凱旋門驚魂夜

雲彩奔放的羅浮宮

沿塞納河曲線前行,路經藝術橋(Pont des Arts),金色夕陽,已開始緩緩貼近塞納河水面。眼見天色,我們加快腳步,每個迅速步伐,都為了一睹晚霞之下的羅浮宮。

抵達時,雲彩奔放高空,整個廣場充斥著瘋狂、濃烈的橘紅。自宮殿朝卡魯索凱旋門(Arc de Triomphe du Carrousel)的方向望去,透明金字塔後方,被填滿了層層粉藍、粉橘以及更加任性、奔放的紫橘。眼見金字塔旁水面上緩緩波動的水紋及朦朧倒影,突然,我想起——以色點、色帶、色塊,描摹光線反射於物體所呈現之色彩的——印象派畫作。不知大師莫內若遇見建於 1989 年的金字塔,又會如何呈現它的模樣?

這晚,由於還想一睹凱旋門上方的夜景,天色漸藍,我們再次邁開倉促步伐,奔往香榭大道。不過這回,就沒那麼幸運了。我們不僅沒趕上登凱旋門的最後購票時間,甚至還在凱旋門留下久久難忘——令人膽顫驚心——的回憶。

帶著失望自售票口離開,我們因奔跑而精疲力竭、緩步走著。就在步上階梯時,老媽——突然尖叫了一聲(我的毛細孔全都醒了!),一回過頭,老媽的後背包居然被拉開!(幸好在檢查後,沒有遺失東西)。見後方兩名看似若無其事卻有些心

虛的男子，我知道，就是他們。不過，來不及做些什麼，那兩人早已人間蒸發。看著受到驚嚇的老媽，憤怒的情緒，在我心頭……瞬間被點燃。「為甚麼？」，對於巴黎紛亂的一面，我始終感到無解、無力且無奈。

心情尚未平復，我跟表姐排入馬路中央的隊伍，與凱旋門合影；老媽則因受驚嚇，心有餘悸地站在樹下等候。沒想到一回到側邊街道，下望階梯口，又見那兩人正尾隨某個家庭的父親。就在其中披著大布巾的男子準備向那名父親的側背包伸手時，後方的韓國女孩立刻點醒差點就要受害的父親。而在他們都步上階梯後，披布巾的男子居然諷刺地向女孩豎起大拇指……。

過了一段時間，在我們打算返回旅館，走下地鐵站後，那兩人——根本是在拍電影——竟然再次出現在我們的視線裡！原以為他們放棄了，總算要回家了。沒想到這回卻眼睜睜目睹他們得手！當時，他們其中一人佯裝好心要教兩名日本男孩如何使用地鐵票，另一人就從側邊悄悄摸走男孩的物品，並迅速跑上階梯。

事情在短短不到十秒內發生、結束。我們甚至沒看清男子究竟拿走了

什麼。只能快步走向他們，告知東西可能被拿走了。男孩翻了翻背包——果真，裝有護照的皮夾消失了。遺失物品的男孩立即跳出匣門追了上去，另一名男孩則與我們一同至地鐵售票窗口，請工作人員提供監視器畫面。然而，工作人員聽我們激動描述事發過程後，只是心平氣和地表示必須到警局才能取得錄像，最後還說了句「你們必須知道，這裡是巴黎」。她的一句話，好像給了自己的城市……一巴掌。但或許……她也只是表達對於此問題，同樣感到無奈的心情吧。說真的，誰願意見自己所居住的城市有這樣的一面呢……

最終，遺失護照的男孩氣喘吁吁地空手回來，我們能提供的協助，也只剩下從手機裡搜尋最近的警局位置以及在第二次見這兩人時拍下的模糊照片（晃到的側臉）。希望他們後來順利解決了。

歷經整整三次的錯愕與憤怒，在我們回過神時，已是夜晚十一點。而似乎每每怒火燃起，我就會暫時性迷航。後來，我居然帶著疲憊的老媽與表姐搭上反方向地鐵……。因此，當晚我們跨入旅館房門——劃下驚魂夜句點時，已是午夜時分……真是辛苦我的旅伴了。

Provence,
France

普羅旺斯，法國

普羅旺斯，非城市名稱，而是位於法國東南部的大片區域。南方有蔚藍地中海，東方與義大利相鄰。歷史上，曾屬羅馬帝國行省。

六月中旬，帶著因畫作而起的想像與期待前往此地，見過碧綠碧泉村、米黃戈爾德、赭色魯西隆、悠閒亞維儂、滿山遍野的薰衣草花海……，總算親自體會普羅旺斯令人著迷的理由——純樸、天然、暖烘烘的色調、香氣四溢。

　　從下過雨的阿納西（Annecy）跳上法國國鐵朝南方移動，抵達亞維儂，已是夜晚十一點半。十二顆輪子響在寧靜道路裡的隆隆聲，彷彿在向整條黑漆漆的大街宣告——觀光客來了，完全破壞我們剛歷經巴黎凱旋門驚魂夜而想低調入城的心境。

　　提高警覺走完六分鐘的路程，終於抵達位在亞維儂的歇腳處。旅館房間（在老媽跟表姐出現後，我開始睡旅館了）比巴黎的房間寬敞一些，只差沒有足夠空間晾三人份的衣服。發現此問題後，老媽從她的百寶袋裡拿出一條平凡的繩子，一端掛在浴室裡的鉤子上，另一端攀在木門上——晾衣架現身。老媽果然是老媽啊。

南法的碧綠——碧泉村 Fontaine-de-Vaucluse

在大多無供應早餐的青年旅舍住上兩個多月的日子後，只要跟老媽、表姐一起住的旅館有供應自助式早餐，我就像強度被開到最大的吸塵器一樣——盡可能的吃。此日，我們以旅館的自助式早餐——撒有穀麥的歐式麵包、可頌、果乾燕麥、咖啡……——展開在南法的第一個白天。

艷陽高照、天色湛藍，預訂的當地導覽到旅館接我們了。由於當日參加導覽的只有我們三人，交通工具從巴士升級為高級轎車。坐上司機兼嚮導——JB 的車，我們從市中心，一路移動前往大片天然景色綿延兩側的鄉間道路。瘦長的松樹林、叢叢灌木、純樸房屋，斷續出現在暖洋洋的天色下，隨流動眼前的真實景致，我開始一點

一點地比對抵達以前——在我腦海中——對普羅旺斯的想像。

「有發現窗外的樹林以同樣的方向排列著嗎？」總是先提出問題再為我們細說、解答的JB指著樹林問道，「外頭的樹林並列是為了抵擋乾燥且風速強勁的密斯特拉風（Mistral）」。指向房屋的窗子，JB帶了點"真是麻煩"卻又自豪的語氣說「坐北朝南的房屋在窗外加上堅固、厚實的木層，也是為了不讓強風吹進屋內。別小看這個風，它強勁到可以將屋瓦掀起喔！」。

「在普羅旺斯，凡是無法歸咎於政客的問題，就全是"聖風"的錯，而普羅旺斯人講到這種風，語氣中帶有被虐待狂般的意味，頗引以為榮呢。」JB大概就是彼得·梅爾（Peter Mayle）於《山居歲月》中所描繪的——以聖風引以為榮——的普羅旺斯人吧。

梵谷也曾於寫給弟弟西奧的信中寫道「嚴酷的西北風隨著美妙的大太陽連續橫掃了六星期，我想炙熱但無風的日子即將到來；果真如此的話，我宜配備相當數量的油彩與畫布，因為我已看中半打題材了，特別是那小屋花園。」，提及聖風之外，梵谷在字裡行間也道出其對於普羅旺斯景色的喜愛。抵達此地後，我也總算親身理解此片土地令人熱愛的理由——暖烘烘色調遍佈四周、純樸且天然。

隨JB安穩的駕駛，我們首先來到仍殘有清晨最後一絲涼意的碧泉村（Fontaine-de-Vaucluse）。下車後，沿步道前往索格河（Sorgue）源頭，一攤又一攤擺有薰衣草相關產品的小鋪林立左側，綠得如翡翠的水流則潺潺流動於右側。靠近水流一些，即可直直望入清澈水流中的石子與青綠色水草。繼續在坡道上前行，兩側壯觀、高聳的山壁靠得越來越近，營造出清幽氛圍。

直到抵達法國最大泉水源頭，石灰岩洞口中藍綠色的水面，竟如「果凍」般平靜。沒打擾它太久，我們便沿著翡翠水流，走回至村莊中心。

「在進入 rich people（富人）的領地前，我們先在這兒拍張照吧！」探訪戈爾德（Gordes）的開端，JB 將車子停在視野遼闊的 Bel-Air 岩石邊，讓我們從最佳眺望處，將一棟又一棟以花崗岩構築的房屋盤踞形成的山城風光盡收眼底。那景色……完全迷住了我們。

進入米黃色山城後，首先映入我眼中的一幕，是穿著時髦的中年夫婦，從一輛白色高級轎車下車的畫面。當時，我恣意猜測，他們也許就是 JB 口中「在此地擁有度假屋的富人」，亦或是彼得‧梅爾在字句間提及的「從城裡來的旅客」吧。

南法的米黃——戈爾德

湛藍天色下，正中午的乾燥與高溫，令我著實感受到普羅旺斯的夏季地中海型氣候。艷陽光線直透入餐館頂部以植物編織的頂棚，而其印在壁面上的條紋，遠看就似一塊亞麻布。也許是添上輕盈盤繞空隙間的 Daphne oleoides（源於南歐、北非和小亞細亞的灌木）以及大氣木桌，戈爾德餐館中所呈現的，是與巴黎有著不同風味的慵懶與悠閒。

走著走，與商店林立側邊的柏油路有段距離以後，我隨性步入氛圍格外寧靜的小徑。在小徑裡，路面、壁面、石牆縫隙、房屋角落仍然是艷陽烘烤的溫度。瞭望桃紅色夾竹桃倚靠之房屋的後方背景——於梵谷畫作裡見過的瘦長絲柏樹，正聳立翠綠田野間。此處光景，似乎更接近彼得·梅爾對於六月山城生活的描繪了——「穿襪子這件事已成久遠以前的回憶，我的手錶擱在抽屜不用，我發覺自己單憑庭園的陰影位置，多少就估計得出當時是幾點，不過我老是搞不清楚當天是幾月幾號，反正不重要。我逐漸變成一棵知足自得的蔬菜……」。在恬靜、慵懶的山城待上數日，幾月幾號，或許就真的不再那麼重要了，大自然、慵懶、美酒、松露、美食……才是戈爾德生活裡的重要關鍵字。

南法的橙、褐、赭——魯西隆

食指與拇指轉動著 JB 給的迷迭香葉，指尖留下葉片香氣。約十五分鐘的車程後，我們從米黃色山城，來到色彩更加奔放、熱情的赭色紅土城——魯西隆（Roussillon）。「現在來到的這座小鎮，是屬於藝術家的地盤了！」JB 興奮地說。

一下車，昏昏欲睡的腦袋與沈重眼皮，瞬間被充滿衝擊感的景象、色調——壯觀嶙峋的地形、分散佇立峭壁的蔥鬱樹木、赭色房屋——喚醒。

從看不見盡頭而令我充滿奇想的巷口進入巷弄，接著出現眼前的，是琳瑯滿目的紀念品店、藝術氣息濃厚的陶瓷藝品店以及瀰漫天然香料氣味的餐酒館。建築色彩轉換在橙色、褐色、赭色的深淺之間，萬里無雲的藍天正好與建築色彩形成鮮明對比。

色彩生動、討人喜愛的房屋身影引領我們繼續前行，濃綠色的高大松樹時而現身巷道轉角處；驕陽時而在恬謐巷道間投射松樹的長影；盎然生長的桃紅色小花則幾乎匍匐、蔓延至盆栽之外。魯西隆，處處充滿生機。

直到抵達能夠望見廣闊風景與房屋高低錯落之景象的平台，我們終於心甘情願地返程。神奇的是每每回顧此時於平台所留下的影像，暖烘烘的溫度與恬靜氛圍，便會隨照片中的畫面——磚瓦屋頂、屋頂後方的濃綠色樹林——回到我的身旁。

回程路上，見某間餐館之玻璃杯外，沿杯子外側滑落的水珠，我們便隨興決定入座，於陽傘下用餐。當時的氣溫，使我們不再逞強看懂整份菜單，三個人的注意力全都聚焦在清爽的啤酒、水果酒及沙拉。有趣的是，此日的水果酒，也正是與魯西隆之色彩一氣呵成的鮮豔橘色。

明朗藍天下，將目光自遍野盛放
——紫與綠交織——的薰衣草田、石
材色房屋，拉長至金黃色麥浪，梵谷
筆下所描繪的南法風光——「小鎮是
紫羅蘭色的，太陽是黃色的，天空是
藍綠色的。麥子呈現各種色調的古老
金色……」令人著迷地展開在我們眼
前。

返回亞維儂的路上，JB 稱職地帶我
們到索村（Sault）與幾處薰衣草如
花毯般遍地綻放的地帶，捕捉南法紫
色花海、呼吸濃烈薰衣草香氣。下一
站，則來到當地農夫的薰衣草精油工
作室。一下車，一團小毛球從房屋周
圍的草坪衝著 JB 奔來，原來是一隻棕
色博美犬。JB 蹲下來摸一摸牠，與牠
進行幾句我們聽不懂的對話，便帶著
我們進入農夫提煉精油的機械間與工
作坊。

南法的紫，
「Lavande or Lavandin?」

鬆懈之後……

當 JB 再一次認真地向我們細說、介
紹 Lavande 與 Lavandin 的差別時，
我們專心地聆聽，就擔心 JB 又要向我
們測驗他的講解內容（每每下車走入
薰衣草田，他總會指著紫色灌木叢問
我們「Lavande or Lavandin?」）。

「Lavande，顏色偏淺，製作為精
油有助眠、安撫精神的效用，花香氣
味相對溫和且細膩。Lavandin，色調
較深，因含有 7 至 12 百分比的樟腦成

分，製作為精油有提神、治療感冒的效用，花穗較 Lavender 長且尖，是薰衣草（Lavande fine）與寬葉薰衣草（Lavande aspic）的雜交品種。由於 Lavandin 在普羅旺斯有著較高的產量，精油價格也相對便宜。」，再次認識 Lavande 與 Lavandin、帶走幾瓶精油、與小毛球及可愛農夫道別後，我們又回到 JB 安穩的車上，返回亞維儂。

走過綠色碧泉村、米黃色戈爾德、褐色魯西隆與紫色薰衣草田，愛上南法的理由，除了純樸、天然、暖烘烘的色調，又添上兩項——色彩繽紛、芳香四溢。

／

回到旅店後，雖仍有睡意，但若不趕在夜晚七點前上街，再過一會就只有 window shopping 的份了。花了約五分鐘的時間掙扎，又花了五分鐘將彼此從柔軟大床上挖起來，終於，我們走入亞維儂街道。高溫漸退，微風徐徐吹來，當下，亞維儂的氛圍，大概是介於繁榮巴黎與清幽安錫（Annecy）間令人放鬆的步調。隨情境，我們自然地也進入鬆懈狀態。

然而，就在上街後不到十分鐘，我們馬上就嚐到陷入鬆懈、毫無警覺之狀態的後果了⋯⋯

當天，走在前頭的表姐跟我先是走進商場，直到發覺老媽沒走在我們身旁時，我回頭一看——蹲在地上綁鞋帶的男子與後方兩位金髮女子正包夾老媽。當時看著那畫面，不知哪來的直覺——總覺得不太對勁。當老媽走來到我身旁，我說「還是把包包背在前面吧」，沒想到老媽一檢查背包，錢包消失了！就在剛剛——不到十秒鐘前！我所擔心的⋯⋯已經發生。

下一刻，表姐繞入店內，我走出店外搜索那三人的身影⋯⋯但不管我們將視線投向哪，老練的扒手早已人間蒸發。冷靜好情緒走往結帳櫃台，向店家詢問能否將監視器畫面提供給我們，店員卻表示他們「沒有儲存影像，攝影機只有顯示當下畫面的功能」。⋯⋯怎麼想都不太可能，也許是嫌麻煩吧⋯⋯？最終，我們也只能無奈地走回旅店。不幸中的大幸，是幸好老媽的護照還乖乖地待在房裡。

然而當日令我印象深刻的，除了事件本身，其實還有老媽與表姐透過手機視訊，向親朋好友們激動且生動敘述此事件的模樣。她們的表情、語調根本興奮得像是在分享「此趟旅程最精彩的旅行片段」⋯⋯

Rome,
Italy
&
Vatican City

羅馬，義大利

梵蒂岡

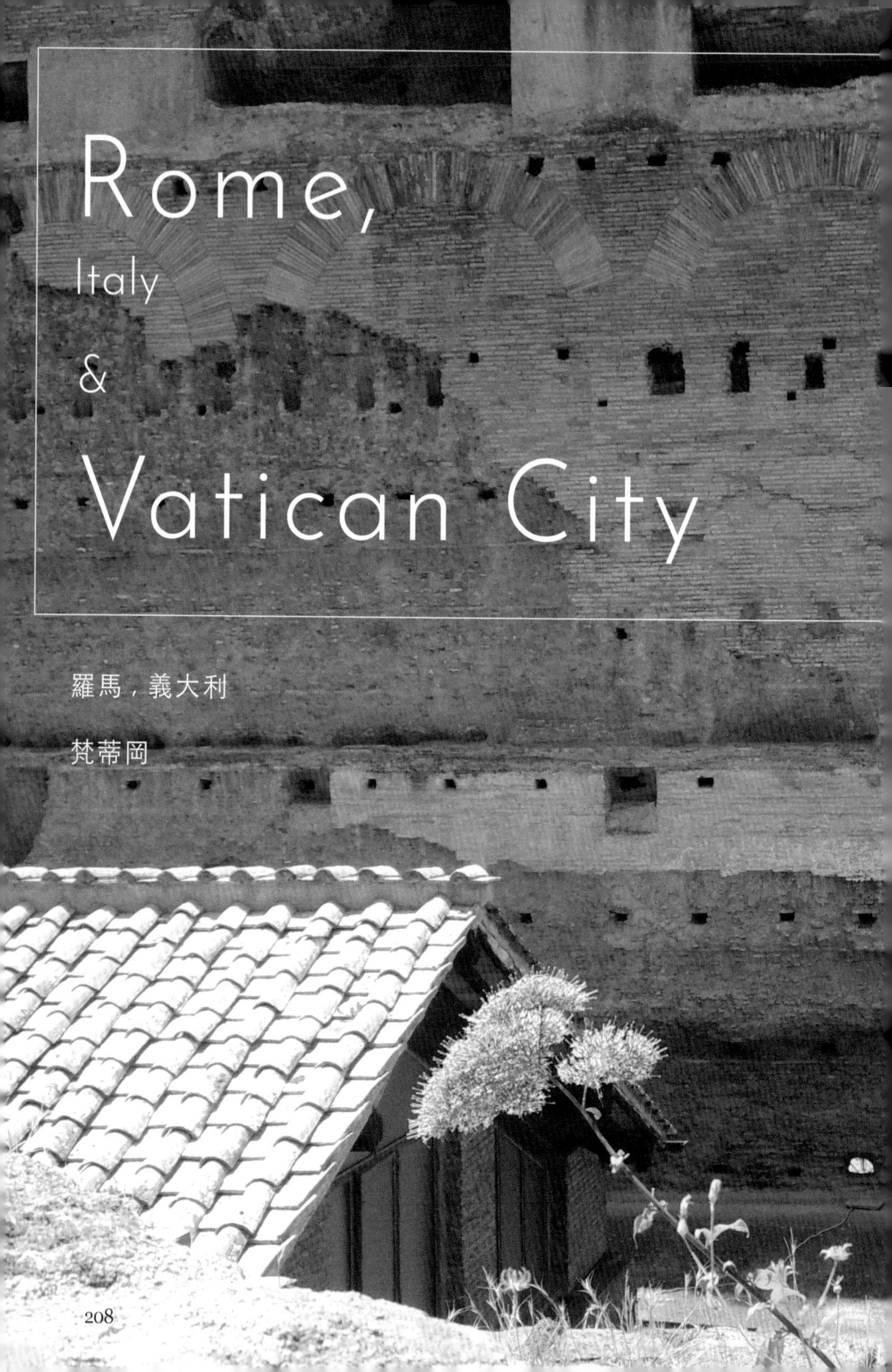

走入西班牙廣場，感受古雅與時尚、橙與綠的微妙交織；登上弗拉維王朝的建築奇蹟——羅馬競技場，體會威懾人心、令人屏息的壯觀氣勢；向晚時分，倚著帝國廣場大道的松樹，聆聽富古城式浪漫的露天演奏；走訪古樸、莊嚴萬神殿內外，體會永恆之城以古老、雋永結合慵懶、愜意；徜徉聖伯多祿廣場廊道，觀賞光束以種種姿態灑落象牙白石柱……

羅馬，一座具層次感——古老至現代，雄偉至柔和——，耐心遊走，便能察覺其雋永的城市；梵蒂岡，小巧而神聖、精緻。

於南法馬賽機場與表姐暫別後，我跟老媽接著搭乘瑞安航空，飛往義大利首都——羅馬。下飛機時，首次體驗歐洲廉航的老媽說「好像真的沒有太大差別喔！」（相對於一般航空）。確實，除了少了餐點、偶爾走到登機門像是繞了整圈（甚至兩圈）操場，瑞安航空於我而言，根本是最美妙的移動工具。

自機場前往市中心，我們在亮起盞盞路燈的高速公路上奔馳。時間進入夜晚九點，車窗外的天色又粉又紫；公路兩側則不時可見深綠色及亞麻色農作物。——紫粉色與亞麻綠的結合，看起來就像是藝術電影裡的迷幻場景。

駛下公路，進入市區，眼見由燈光點綴的古老建築及神秘建築輪廓若隱若現於大道上，我轉過頭，對原在閉目養神的老媽說「到羅馬了！」，老媽則睡眼惺忪地對我（傻）笑。那時，一股在先前旅程，甫抵達一座陌生城市時未有的感受——「安心」浮現在我心頭。此時此刻，有老媽在，真好，好像什麼都可以不必擔心了（雖然巴黎跟亞維儂的扒手總盯上她……）。

「步行二十分鐘可以嗎？」，早晨漱洗好後，我問。逐漸也習慣徒步旅行的老媽毫不猶豫地說「走啊！」，於是，我們再次展開徒步羅馬的旅程。

此日，跨出公寓大門，路經數間飾品店，白色、粉色夾竹桃盎然盛放街頭；高大松樹則突兀地現身在房屋閣樓露台。行經考古公園（Colle Oppio），走在古木參天、綠影扶疏的景致中，建於公元 2 世紀初的圖拉真浴場（Terme di Traiano）以及由羅馬帝國皇帝尼祿於公元 1 世紀所建，曾為景觀別墅與花園的金色宮殿（Domus Aurea）則靜默沈睡於樹叢間。直到絲柏樹、白色花朵、數個

拱形結構映入眼簾——目的地——羅馬競技場（Colosseo）外牆總算現身眼前！

排入長排隊伍，完成購票，登上階梯，下一幕——即是羅馬競技場之表演場地與觀眾席以令人屏息之氣勢……映入眼簾的壯闊場面。

羅馬競技場（Colosseo），初建於羅馬帝國第九任皇帝——維斯帕先皇帝（Titus Flavius Vespasianus）統治時期，完工於第十任皇帝——提圖斯皇帝（Titus Flavius Vespasianus）在位的公元 80 年間。後來，第十一任皇帝——圖密善（Titus Flavius

Domitianus），也曾對建築進行修建。在歷史上，此三位皇帝在位期間為「弗拉維王朝」時期（西元 69 至 96 年），因此羅馬競技場又名為弗拉維圓形劇場。

長軸 189 公尺，短軸 156 公尺，由洞石、凝灰岩與磚面混凝土構成的羅馬競技場，藉由將兩個半圓形劇場結合，不僅解決建築範本（古希臘時期傍山而建的半圓形劇場）需倚山而建的侷限，同時也成為規模巨大——能夠容納五萬至八萬名觀眾——的建築。

競技場中，除視線可及（長軸 87 公尺，短軸 55 公尺）的表演區域以及由下而上各別為貴賓（如元老、長官等）區、貴族區、富人區、普通公民區、底層婦女區的觀眾席，地底下還有用於儲存道具、野獸、格鬥士且暗藏機關的蜿蜒地道。即便威武、壯觀的羅馬競技場已活生生躍然眼前，於我而言……它依然是那奇蹟似——不切實際——的存在。

睜大雙眸，感受一會威懾人心、歷史感濃厚的現場氛圍後，我將思緒暫時抽離，藉由想像，進入電影《神鬼戰士》（Gladiator）中的廝殺場景、澎湃配樂（Now We Are Free）……。頓時，麥希穆斯的驍勇英姿彷彿就在眼前……。走入羅馬競技場，我完全理解了羅馬為何名為「永恆之城」。

斷壁殘垣中，領略古羅馬的恢宏

向晚時分，傍著松樹，聆聽富古城式浪漫的露天演奏

離開羅馬競技場，路經有地中海柏樹如衛兵般整齊排列的聖道（Via Sacra），我們來到提圖斯凱旋門（Arco di Tito）。凝視浮雕間刻有提圖斯皇帝征服耶路撒冷——猶太戰役——之歷史含義的凱旋門時，我的視線，不由自主地被枝葉廣延——呈傘狀——的義大利石松拉走。那時，由下仰望陽光灑落石松葉片，我彷彿看見數片海苔……飄浮在空中。那畫面，可愛極了。

進入古羅馬廣場，我們如步入迷宮般穿梭在採用古希臘科林斯柱式的神廟、羅馬帝國時期曾用於進行會議與公務的大理石建築等遺跡之間。當時，烈日高照，走在遺跡數量龐大的廣場中，我們根本沒耐心去辨認自己究竟走在何處。然而，進行一些簡單（不需思考）的觀覽——例如欣賞點綴希臘圓柱柱頂的毛茛葉，觀察紅磚拱門如何散狀排列、堆疊——依然有其箇中趣味。

接著，登往山丘的途中，我在偶然間，見遺跡中大小不一的洞口躲過烈日肆虐，幾朵紫色小花卻堅毅、盎然地佇立豔陽底下，為古廣場悄然注入清新生命力。——那時，我又一次，為南歐土壤裡生長出的植物，深深著迷了。它們（南歐植物），不是落落大方、充滿親和感，就是散發著堅韌氣息，討人喜愛。

抵達山丘頂端後，由上眺望幾分鐘前所走過——多數遺跡已成斷壁殘垣

——的迷宮，我們總算釐清夾竹桃、灶神廟（Aedes Vestae）、卡斯托爾和波呂克斯神廟（Tempio dei Dioscuri）、圓形尖塔的相對位置，也十足領略此地過往的恢宏。

當日傍晚，自羅馬競技場外路經兩側留存眾多考古遺跡的帝國廣場大道（Via dei ForiImperiali），我與老媽來到威尼斯廣場前。數分鐘內，場景由羅馬帝國時期，切換進入文藝復興時期。當時，我想起了曾給我相似感受的雅典。

由威尼斯宮（Palazzo Venezia）走往圖拉真市場（Mercati di Traiano），再次領略古城韻味後，原已心滿意足、打算返回旅館的我們，卻接著在帝國廣場大道上，被曲風獨特、悠閒、慵懶的街頭音樂留住了腳步。

聽見流淌大道的音符，毫不猶豫，我們決定入座大道一側，傍著松樹，享受富古城式浪漫的演奏以及柔和光芒斜躺大道的景象。透過所有感官，體會當下一切……我與老媽，深深愛上了羅馬。

就在我們拿起相機，想紀錄這場露天演出時，其中一名樂手以肩膀頂了頂另外兩名團員，要他們一起向鏡頭擺出既專業又帶點幽默感的神情。那時，我跟老媽都笑了。真是輕鬆、風趣的三個人，毫無拘束就像他們的音樂一樣。

走訪古樸、莊嚴萬神殿，體會永恆之城以古老、雋永結合悠閒、愜意

除了古羅馬廣場、羅馬競技場，永恆之城——羅馬境內，還有一座不容旅人錯過，建於羅馬帝國時期的建築奇蹟——萬神殿（Pantheon）。

萬聖殿的歷史，可說比羅馬競技場更為悠久，而若從建築的建造年份相比，卻也可以說，沒有那麼古老。

回溯萬神殿最悠遠的歷史，可將時間拉回至公元前1世紀。當時，建築的興建是為了紀念奧古斯都（Gaius Octavius Thurinus，原名屋大維）於亞克興戰役中擊敗馬克‧安東尼（Marcus

Antonius，古羅馬政治家兼軍事家）及克麗奧佩脫拉七世（Κλεοπάτρα Φιλοπάτωρ，俗稱埃及豔后），掌握羅馬一切大權，成為羅馬帝國開國君主一事。

後來，因兩場大火的摧毀，神廟一直到羅馬帝國第十四任皇帝——哈德良在位期間（公元125年），才完成現今所見之修建。重建後的建築，曾被拜占庭皇帝贈給羅馬教皇卜尼法斯四世（因此更名為聖母與諸殉道者教堂）、歷經竊盜（17世紀時，門廊的鍍金青銅板曾被竊取用於聖伯多祿大殿）、成為文藝復興時期建築師學習的建築典範。現今，則為偉人安息地、定期舉行彌撒與婚禮慶典。

走訪萬神殿當日，站在門外，我的視線沿花崗岩製成的柱廊，延伸至山形立面——在氣宇軒昂的建築結構之下，古羅馬藝術風格的古樸與沉著，直直闖入我的視覺。走入殿內，我的目光則先拉高至直徑長達43.3公尺長的穹頂，接著，由上方依序向下觀覽採光大洞，混凝土建材，矩形藻井，鑲板直至石材地面——在自然光線的照射下，萬神殿內，完全地樸實、自然，令人感覺莊嚴。

結束參觀，走回殿外，廣場裡依舊滿載著人潮。色彩相互托襯的淡紫色、褐色房屋，一棟挨一棟圍繞四周；桌面擺有白色花束、白酒杯的餐館，則佔據角落一處。

眼看古建築在前，露天餐館在旁，「永恆之城」果真古老、雋永、耐人尋味，卻也同時令人感覺悠閒、愜意。

聖伯多祿廣場與聖伯多祿大殿

自羅馬走入梵蒂岡

　　站在波波洛門（Porta del Popolo）大理石圓柱與拱廊前，望入如框內畫作之場景——醒目的埃及方尖碑，矗立在以巴洛克與新古典主義藝術風格所打造的人民廣場（Piazza del Popolo）中。

　　印象中，路經台伯河（Tevere）來到接近梵蒂岡的場域，房屋色彩是越來越多的褐色。走過幾乎只見修女身影的街道，沒多久，我們便步入位於梵蒂岡的聖伯多祿廣場（Piazza San Pietro）。

　　清涼噴泉在烈日下快速流動；白色石柱優雅排列於弧形迴廊；陽光則像是在玩耍般，以種種姿態躺入石柱、石材路面。我與老媽，一面捕捉光束身影，一面徜徉、偶然駐足廊道間。當時，象牙白石柱使我想起雅典，典雅吊燈則使我想起了維也納。赫然之間，我才發覺，那都已是一、兩個月前所見的風景了。「所有當下，終將成為過往，因此……過好每個此刻

吧」，那時，我在心裡默默自語。

　　加入長排隊伍，等待進入建於 16 世紀初至 17 世紀的聖伯多祿大殿，我抬頭仰望——大殿頂部，盡是壯觀、莊嚴的聖人雕像；入門前，望向青銅門——門上，有著附有善惡與聖事含義的精緻浮雕；接著，由東門步入殿內，我跳躍式地觀覽經眾位大師——拉斐爾、米開朗基羅、貝尼尼……——之手所完成的華麗鍍金祭台、穹頂、頂棚、壁畫及紀念碑，——莊嚴、貴氣，淋漓盡致地被發揮在聖伯多祿大殿之內外。

　　步出大殿後，再次引起我與老媽注意的，是穿著紅、黃、藍色條紋服裝、小腿纖細、高挑的瑞士護衛隊。據說，成為護衛隊一員，須為瑞士籍男子、單身天主教徒、擁有 174 公分以上的身高且年齡須介於 19 至 30 歲。難怪……難怪讓人很難不去注意。

Vatican City

217

經協和大道返回羅馬境內，欣賞景物因沐浴夕陽光下而彰顯的神
聖、柔和氣息

「等等，這好像不是我們的大門吧……？」

最後，離開梵蒂岡以前，我們至小巧的梵蒂岡郵局逛了一圈，便接著漫步協和大道（Via della Conciliazione）返回羅馬境內。當天，走在協和大道上，金色夕陽將耀眼光芒傾注石板路面，我們以逆光視角，回頭望向聖伯多祿廣場——那畫面，充滿由光與影，巧妙營造出的神秘氣息。

途中，路經建於公元 2 世紀，位於台伯河（Tevere）河畔的聖天使堡（Castel Sant'Angelo），古老建築也因沐浴夕陽光下，彰顯出柔和氣息。

繼續一路朝公寓所在位置的方向走，偶然間，一間外觀散發著神秘氣息的地窖餐館，吸引了我們的目光，帶著好奇走入裏頭，沒想到地窖裡，竟是以與外觀形成視覺上之反差的溫馨橘光點綴。各享一碗口感香甜、扎實的波隆那肉醬義大利麵，再共食沾上清爽醬料的歐式麵包與大杯啤酒，最後，我與老媽挺著十一分飽的肚子，心滿意足地繼續踏上返回公寓的路途。

「等等，這好像不是我們的大門吧？」「是隔壁那棟嗎？」……入住當晚，沒好好認清我們所入住的公寓外觀，而早晨出門也只想著上路玩耍……這天，我跟老媽居然「在巷子裡找不到我們的公寓大門」，明知道就在這條巷子裡，卻就是忘了到底是哪扇門。

當我們在某棟公寓門前試鑰匙時，一位老先生看我們轉不開門鎖——也許猜想我們是因為不熟悉而打不開——好心地用他的鑰匙開了大門（說真的，鑰匙看起來根本沒有差別）。我們心存感激地走了進去，就在準備跨進電梯大門時，才發覺——不是這裏！我跟老媽相視、忍不住大笑，又走回巷子裡繼續尋覓……。幸好，大約在五分鐘內，我們總算搭對了電梯。

回到房裡，老媽看了看手機上顯示的「當日步行步數」。此日，我們以兩萬多步的足跡，徒步往返梵蒂岡、羅馬。

Venice,
Italy

威尼斯，義大利

島嶼甦醒前，與海鷗共享難得、珍貴的恬靜氣息；日光灑落時，細看聖馬可教堂之燦爛鑲嵌畫、安康聖母大殿傍著藍綠水流所構出的經典畫面；夜幕前夕，航行水流，沈迷蕩漾在水面的浪漫景象……

威尼斯——一座文化、氛圍、色彩皆充滿豐富性的水都。

大清早，拉上行李，我與老媽兩個人加上兩個行李箱——共十二隻腳———同疾速奔往羅馬中央車站。發車三分鐘前，終於，我們順利跨入紅、灰色車廂，準備移動前往位在羅馬北方的水都——威尼斯。

朝北行進的途中，老媽一跟老爸通完電話，便如電量耗掉一半的電池，睡了近一半的行駛時間。而我沒睡，也沒做什麼，只是聽音樂、望向窗外。窗外景色並不算特別美，但我卻捨不得閉眼，那時，總覺得一閉上眼……此趟歐洲旅程，便會加快速度，進入尾聲。原來——捨不得的心情，已開始醞釀在我心頭。

就在火車穿越海上公路，時間來到中午一點，我們正式完成三個小時半的車程，抵達威尼斯島。正確來說，其實我們是在 Venezia Mestre 站先下了車，才發覺「這不是我們要前往的威尼斯島」，又購票、上車，才正式抵達威尼斯島 Venezia Santa Lucia 車站。回想起老媽願意跟我一起旅行，讓我帶她朝車站狂奔、迷路、搭錯車，真是……勇氣可嘉（辛苦囉，老媽）。

一出車站，彷彿走入三溫暖蒸氣房——威尼斯的水氣與人潮汗水令人無處可逃地包圍我們。當下，一心只想盡快、盡可能逃離眼前混亂，我們加快腳步，一路奔往水上巴士售票處。然而直到我們買好票券，進入候船隊伍，大批人潮……依然持續填滿在我們的視線裡。那時，我深深體悟——旅行威尼斯，最重要的心理準備，可能是「耐心」。

前面一批人上船，又過了十分鐘，總算輪到我們登船了。一入座船上長椅，我立刻把熱量的額頭靠在前方座椅的冰涼竿子上，利用傳導方式退溫，接著，隨小船航行，開始欣賞一幕幕曾於書頁中見過而略有印象的畫面。將注意力從悶熱感，轉移至眼前大膽、鮮明的色彩與建築，我才驚覺——經過層層涉及耐心的考驗，水都美景已優美流動在我身旁。

下船後沒多久，我從臉部輪廓與尋覓的動作，認出在手機上與我聯繫的公寓主人——一名留著長捲髮、嘴唇塗上暗紅色口紅的女士。四目交接後，我們朝對方的方向走去。確認過姓名，握了手，捲髮女士

便領我們走入街道，鑽進小巷，於橋樑階梯爬上爬下。五分鐘後，終於在某個十字路口旁的咖啡色大門外停了下來。那時，我看著老媽說「到了」（真正想表達的是「終於不用再拉行李爬橋過河了……」），老媽則以「我懂妳在說什麼」的表情回應。殊不知女士一推開大門，接著說「你們的房間在頂樓」，我們才知道剛剛那些都只是暖身、挑戰，現在才正開始......。與老媽互看一眼、苦笑……也只能認命前進了（總不能把行李箱丟在一樓吧......）。

然而舉步維艱地爬上頂樓，跨入將屬於我們三天兩夜，乾淨、明亮、深長且充滿清新淺色調的套房——值得了！一進門，眼前那扇門內，是寬敞、打光明亮的浴室；轉入客廳，右手邊是小巧而精緻的廚房，左手邊則為擺有白色餐桌與淺色沙發的走廊；而再推開滑動式木門，則是擺有寬大雙人床與木質衣櫃的臥室。

為保持一點形象，待房東女士離開、按下空調開關，我與老媽才終於開始釋放我們對於套房的興奮與喜愛。這可能是這半年以來，我入住過最好、最漂亮的空間了（當然我也還是很想念里爾與哥佐島的小房間）。接著，我們一人霸佔雙人床，一人跳上沙發，正式啟動散熱與睡眠模式。

身體散熱的同時，外頭艷陽也悄悄轉為舒服、柔和的光線。也許是小巧可愛的廚房，激起老媽下廚的念頭，在老媽背起花色購物袋後，我們鑽入熙攘巷道，出發前往超市。

一整路，我走在後頭，看老媽一副威風凜凜、自信滿滿要去採購的背影，我笑了。現在開始，逛歐洲超市也成為老媽的專長之一了。有老媽一起，此日，我們帶著平時獨自前往採購的兩倍份量的食物——花椰菜、蘋果、香蕉、小橘子、雞蛋、已烹調好的炸海鮮、雞肉與炒飯、啤酒、紅酒、兩袋麵包——回到房裡，擺了整張餐桌。這晚，我也喝到了——長達半年沒喝到的——老媽口味蛋花湯。

島嶼甦醒前

清晨六點，鬧鐘聽命行事地響了。原想賴床的我，想起昨日九點——街道、巷道、岸邊皆人滿為患的景象，再加上老媽的千呼萬喚，我還是將自己拖入浴室，在臉上沖了把冷水，準備在半小時內跨出一樓大門。

六點半，我與老媽第二次走入上午威尼斯。深吸一口晨曦空氣——不過較昨日提前兩個小時啟程，威尼斯似乎真有那麼點不同⋯⋯。所有景物、畫面——拱形窗邊華麗的巴洛克式浮雕、銜接巷弄的小橋、磚瓦屋上敞開的木窗、斑駁而顯得歷史悠久的房屋壁面，皆可嗅得清新且恬靜的氣息。——整座城市，彷彿正要甦醒。

與約莫正準備上工、上班的當地人以及同樣為感受威尼斯恬靜氛圍的旅

人一同穿梭巷道，首先，我們進入
ㄇ字型拱廊建築，抵達曾被拿破崙
形容為「全歐洲最精美會客廳」的
聖馬可廣場。當時，清新的廣場，
正接待一對拍攝婚紗照的戀人與鴿
群；咖啡館店員正整備露天桌椅、喚
醒城市；頂著如皇冠圓頂的聖馬可大
教 堂（Basilica di San Marco），
以結合東西方韻味的建築結構——拜
占庭式拱門、哥德式中央屋簷、燦
爛鑲嵌畫、浮雕立面，氣派佇立廣
場中；高 98.6 公尺、頂端有風向標
的聖馬可鐘樓（Campanile di San
Marco），則於ㄇ字型拱廊盡頭，以
橙色磚瓦堆砌的矩形建築，為廣場添
入鮮明色彩。

　　朝 側 邊 的 總 督 宮（Palazzo
Ducale）走去，涼廊的哥德式花窗、
大理石拱廊、精細石雕，以 90 度直
角，延伸至靠近河岸的建築牆面。
當建築腳下的鴿群，同時自地面起飛
——明信片裡的畫面，便瞬間構圖於
眼前。

　　眼見人影稀落而清閒、美好的景
象，即使腦袋還無法完全清醒，我與
老媽皆慶幸著——幸好一個小時前，
我們都沒有放任對方繼續賴床（或者
應該說幸好老媽沒有丟下想繼續賴床

的我）。

　　離開廣場後，把握最後一絲恬靜，
我們前往運河岸邊。在岸邊，威尼斯
傳統划船——貢都拉靜靜漂浮水面；
木樁於水面上形成捲曲狀倒影；一隻
海鷗則趁大批觀光客出沒以前，獨自
佇立空無一人的木板上。也許牠也正
在享受片刻清閒吧。

　　最後，沿岸邊走——人潮開始出沒
了。當時，我們一面欣賞此岸窗台盆
栽，一面觀覽彼岸的磚瓦屋頂、窄長
拱形窗框、色彩交織排列的轉角牆
面、垂落露台的蔥綠色植栽、躲過日
光穿透的涼廊……，種種風格的建築
細節，皆使威尼斯散發著耐人尋味的
魅力。

Venice

老媽的一句話，讓平凡夕陽，成為於我而言別有意義的畫面

夜幕前夕，一切景物波動威尼斯盪漾水面，顯得既浪漫且不切實際……

見過清晨時分的恬靜，回到沙發椅上發懶數鐘頭以躲躲烈日後，我與老媽心血來潮，決定今晚——要「在船上」一睹夜幕前夕的威尼斯；日落前，則打算去一趟位在威尼斯本島東南方的麗都島（Lido）。

乘坐水上巴士，航行二十多分鐘，小船帶我們抵達麗都島。一上岸，我們繼續跳上久違的路面公車，前往海邊。一整路，窗外風景不算特別，大多是日常卻令人感覺溫馨、平和的景象，例如一家人圍坐庭院享用晚餐、居民提著大袋子從超市裡走上街。

抵達海邊後，我們跳坐上矮石牆，觀賞學生群圈圈烤肉以及煙霧裊裊上升的景象。當時，看著老媽，我想起了老爸、老弟、家人、朋友——突然，好感謝在這段日子裡，他們安然無恙，讓我能夠在旅途裡放心流浪。

再次轉向前一晚與我在河邊吵架的老媽，嗯⋯⋯吵架歸吵架，此刻有她在，真有種踏實、安心的感覺。一起旅行的日子來到第

十七天，坐在夕陽餘暉下，老媽突然感性地說「謝謝啦，帶我一起玩」，其實我更謝謝她——謝謝她陪我走過旅途裡的最後幾座城市，謝謝她來歐洲找我，讓我又完成一項「帶老媽旅行」的心願。當日混濁的麗都島夕陽，因老媽的一句話，成為於我而言別有意義的畫面。

當太陽緩緩貼近混濁水面，我們上船，朝本島緩緩返航，迎接夜幕前夕的浪漫、朦朧氛圍。航行過程中，沁人心脾的晚風陣陣拂往臉頰；身著黑白條紋與白色上衣的貢都拉船夫在潟湖裡優雅、從容地划動船槳；安康聖母大殿與其周邊的建築群，則在另一種視角中，再次構出一幅畫。

漸漸靠岸時，我一會兒盯著色彩繽紛的房屋，一會兒凝視建築投影在水面上的影子——一切景物，波動在威尼斯盪漾水面，顯得既浪漫又不切實際⋯⋯

直到夜色降臨、街燈亮起，威尼斯依然是一顆⋯⋯寶石。——在夜裡，依舊耀眼，依舊奪目。

Milan,

Italy

米蘭，義大利

佇立米蘭大教堂前，目睹建造時長歷時六世紀——微妙結合各時期藝術風格——之建築奇蹟的氣派與細緻；

悠晃艾曼紐二世迴廊，感受由暖橘色櫥窗裡所蔓延的時尚與奢華氣息。

米蘭——無論瞻仰、細看，處處皆瑰麗、精緻得令人流連忘返……

自讓人想賴著不走的三樓套房將 30 吋與 20 吋行李箱一階又一階地提（滾）下樓，與深色大門道別後，我與老媽再次拉著行李箱越橋過河，前往登船處。

途中，一隻忽略行李箱聲響也無視人影的海鷗，正試圖咬破黑色大垃圾袋，似乎正在尋找早餐。不知為何，從波爾圖到威尼斯，海鷗總是給我一種「很愛吃，為了吃可以不計形象，陷入瘋狂」的印象。

汗流浹背地登上水上巴士，小船行經本島與曾為工業區，現為高級住宅區的朱代卡島（Giudecca）帶我們上岸義大利本島。此日，乘上熟悉的路面巴士，我們將前往義大利時尚之都——米蘭。

沒想到這趟原預計為四個鐘頭的車程，竟由於塞車……拉長為「兩倍」時長（耗時整整八鐘頭，我們才抵達目的地）。在高速公路裡，大約有整整兩小時，我完全沒感覺到車身的移動，更具體的描述，就是相隔十五分鐘拉開窗簾，還能看見一模一樣的場景……。

雨水將至的天色裡，見證米蘭的瑰麗、浪漫

歷經長達八個鐘頭的舟車勞頓，總算抵達位於米蘭的歇腳處。老媽沖了杯膠囊咖啡，迅速提神，沒多久，我們又回到街頭了。

眼看雨水將至，我們快步下地下道，跳上車廂，直奔米蘭大教堂。一出地鐵站——氣派、繁複、精細且色彩典雅的教堂，雄赳赳、氣昂昂地進入我們的視覺。瞻仰教堂時，我與老媽不停讚嘆……好美、好美……！

擁有 135 座尖塔（最高尖塔為 108.5 公尺）的米蘭大教堂（Duomo di Milano），建造時間長達近六個世紀。若將其一一解構，便能在教堂建築中看見絕妙結合的種種藝術風格。

最初建造時期（14 世紀），法國建築師採用哥德式風格（Rayonnant Gothic）與大理石打造教堂。16 世紀，教堂的八角形圓頂完工、內部添增描繪聖徒與先知等 15 座雕像，外觀則添入文藝復興時期風格。17 世紀，新

任建築師再次將外觀恢復至哥德式風格（包括大型哥德式壁柱與兩座鐘樓的細部），大教堂屋頂也於 1682 年覆蓋完工。

時間進入 18 世紀，鍍金聖母像（Madonnina）於 1762 年被豎立於 108.5 公尺高的尖頂。彩色玻璃窗於 19 世紀進行翻新。而直到最後一扇銅門於 1965 年完工，經五百多年中數名建築師所打造的建築傑作，終於正式落成。

當日，在雨中，米蘭大教堂彷彿一座躲藏薄紗裡的神聖珍寶，看起來既穩固又典雅。

走入艾曼紐二世迴廊（Galleria Vittorio Emanuele II） 之 前，我們站在廣場中，將視線環繞廣場 180 度——目光焦點由米蘭王宮（Palazzo Reale di Milano），米蘭大教堂，轉移至氣勢如宮殿大門的迴廊拱門。米蘭，著實現代、新穎且華麗，與歷史韻味濃厚的羅馬以及由水流環繞的威尼斯，是截然不同的氣息。

進入迴廊拱門，鑄鐵交叉的透光玻璃由頭頂上方直延伸至中央圓形拱頂。或許因為是陰天，遠看迴廊裡打上暖橘色燈光的玻璃櫥窗，總有幾分陰天裡獨有的浪漫。

走向 SAVINI ICE CREAM 買了兩枝霜淇淋，雖然美麗，一握入手中卻急速融化。就在我拿出相機直到按下快門的幾秒鐘內，虎口已盛滿一滴又一滴糖水……。再次將目光轉向迴廊拱門，外頭下起雨了，而由於雨水落下，米蘭，又添上了一股詩意。

旅程，入尾聲

漸藍天色下，街燈瞬間被點燃的一刻

大雨緩為毛毛細雨，走出迴廊，我們沿著掛有白色小巧吊燈的廊道走進精心陳列飾品、服飾、皮件等文藝產品的商店。不同於飾品質感特殊、帶有古意的羅馬，也不同於風格多屬粗獷、大氣的威尼斯，米蘭陳列櫃裡所擺放的，是精細、秀氣、簡約的飾品。

走出女孩們大約都會滯留上一段時間的商店，我們接著挑選了間價格相對親民，位於教堂側邊的露天餐館用餐。雖然沒吃到令人懷念的義大利料理（餐點是冷凍加熱的），然而逐漸轉藍的天色、浪漫街景以及雨後舒爽的氣息，卻平衡了我們對於餐點的不平衡。

起身後，走在人潮與自行車旁，踏過積有雨水的路面再次回到大教堂前——教堂的大理石色澤，在深藍的天色裡，顯得更加耀眼了。而就在某個瞬間——彷彿精靈自上空灑下金粉——，迴廊前、教堂側邊、王宮前方的街燈，旋即一同被點燃。見令人驚豔、驚喜的一幕，當下我與老媽的心情，是音樂一下，便可起舞那般興奮……

隔日，離開米蘭的早晨，腳步十分緊湊。透著藍光的清晨六點，再次確認行李後，我們一跨出公寓大門，又再次賣力狂奔於義大利城市街頭。幸好，也再次幸運地趕上兩分鐘內進站的有軌電車。將行李拖上短階梯，喘口氣，望著窗外天色、清靜街道——旅程，真實來到尾聲了。

抵達火車站，順利轉往機場，這次，是半年旅途裡最後一次搭乘Rynair。起飛後，也不再是種種不確定的人、事、物等著我。就在排隊登機時，熟悉的法語出現在我耳邊——是該回到想念的里爾，好好道別了。

233

最終，與老媽從米蘭經布魯塞爾，回到里爾。這是 182 天的旅途，最後一次降落在這。下一站，即是家鄉——台灣。

帶著老媽走過自己曾待上三個多月的城市，我指著郵局告訴她，我就是從那裡一路哭回宿舍的（因當天與郵局人員爭論許久，仍領不到家人寄來的包裹）……。沒想到，在走進舊街區以後，老媽說，她喜歡里爾，只待兩天太可惜了。里爾，最讓老媽難忘的，是不同於巴黎與普羅旺斯的親切店員。每每走進店鋪，里爾的店員總會說「Bonjour」（你好），而即使沒採買任何物品，跨出店門口時，也會向我們道聲「Merci, au revoir.」（謝謝，再見）。里爾，確實討人喜歡啊。

走過 182 天的旅途後，旅行，是我所想像的新奇、浪漫嗎？在杜羅河畔，我如癡如醉地沈浸在淺藍至深藍的浪漫天色裡；站在高第所打造的外星人（煙囪）面前，好奇他們究竟在笑什麼；站在戈佐島崖邊岩石上，望見悠緩流淌的海洋、悠然綻放的花朵以及沈睡土壤中的海洋化石，理解了梭羅於《湖濱散記》中所描繪的心境———一切，彷彿完全屬於我的小世界……，而我，也完全屬於他們。旅行，確實新奇且浪漫。

然而旅行，其實也如同《奧德賽》中的一段字句——「當我們想擷取美好之物，面對隨之而來加諸我們的後果，我們也甘之如飴」。除了新奇、浪漫，旅行還有著種種樣貌。入住十六人房，享受過午夜打呼八重奏；坐在平靜海邊，被陌生男子一路尾隨至旅舍所位在的小

徑；走入巷陌、車站甚至超市，遇過扒手四伏的危機。有時無可奈何，有時驚慌失措，但為了途中的所有美好相遇，再次選擇，我仍要踏上旅途。

旅行，讓我「追尋到自由」了嗎？在旅途中，其實有很多時候，我早已忘了自己出發在這一路上的其一原因，是為了「追尋自由」。直到後來，在回顧日記本裡的字句時，才發覺——說「追尋自由」，不如說……我著實「感受到自由」了。除此之外，旅途裡的種種邂逅……也告訴了曾將自由與旅行劃上等號的我兩件事——自由，不只有「旅行」一種方式，而旅行，也不只為了自由。

在旅途中，見過地鐵上一名母親笑著編織孩子的毛帽；家具店店員自信、熱情且投入地介紹家具；馬爾他漁夫拉著釣竿圍坐海邊交談、大笑；巴賽隆納的餐廳店員以似月球漫步的步伐送來餐點……，漸漸的，我對「自由」的定義，不再只是我曾經所認為的「在旅途裡流浪」。

自由，原來是「做著自己所喜愛的事情」。在旅途中、工作崗位上、

後記

日復一日的日常裡⋯⋯都有可能感到自由，只要在你手邊的事務，正是「你想做的事」。

　旅行，還告訴了我些什麼？旅行後，某一次在欣賞電影的過程中，我於無意間，解開了走入羅丹美術館後所帶回來的疑惑。那時，我才恍然大悟——原來在旅途中，一切事物（即使是當下無法立即理解的）都值得盡可能去感受，因為在未來，無意、有意間，都有可能找到或遇見解答。

　遇見在塞納河畔強塞紙板給我（欲詐取錢財）的一群人，理解了「這也是巴黎的其中一種面貌」——沒有哪一座城市，有滿足旅人的期待的義務。走上旅途，儘管拋下既有的想像，準備好空白的自己，去認識城市的真實樣貌吧。

　降落在我原無所知的島國馬爾他以後，我發現——從零探索，原來也有著能夠主動向世界提問，靠自己找尋解答，甚至在過程中遇見驚喜的美好。而目睹過科米諾島透澈、純淨且多變的藍，我也才真正意識到——自己相對於廣闊、變幻莫測天地的渺小。而我，喜歡身為渺小的感受，因為如此一來，正意味著⋯⋯我們永遠可以對世界抱有期待。

　最後，謝謝我的爸媽，謝謝你們即使曾擔心我的生存能力，仍舊讓我出發，謝謝你們在接到幾次因無助而哽咽（甚至大哭）的電話時，讓我知道——你們一直在。謝謝我的弟弟、家人、朋友，在我

突然渴望說一大堆中文時，接起我的電話。謝謝你們，給流浪中的我無可替代的歸屬感。謝謝我的學校與交換學院給我實現心願——在某座城市待上一段日子的機會。也謝謝旅途裡的種種相遇——宿舍裡的依靠、在倫敦幫我將 23 公斤的行李扛上階梯的女士、抵達里爾當晚領我前往宿舍的女孩、在馬爾他伸手將我拉至圍牆另一側的男孩、一起在夜空下等車的義大利情侶……（要感謝的人，好多好多）。你們的出現，讓我相信——縱使身在陌生、未知的地方，總會有善良的人，願意拉你一把。也謝謝此時翻開書本的你，與你共享旅途，也正是做著我所喜愛的事。

出發了，才能找到屬於自己的答案。未知、驚喜、屬於你的遇見，就等在你出發之後的途中了。"What matters is deciding to get on ！"帶上你的旅行藍圖以及對自己的信任，跳上火車、班機，出發吧！

國家圖書館出版品預行編目（CIP）資料

我們,去歐洲吧:一名交換學生,於半年內入境 26 座
歐洲城市、島嶼的相遇與喃喃自語。/ 陳亭仔作.
-- 初版 . -- 臺中市:陳亭仔, 2020.04
面；　公分

ISBN 978-957-43-7411-3（平裝）

1. 遊記 2. 歐洲

740.9   109000724

我們，去歐洲吧

—— 一名交換學生，於半年內入境 26 座歐洲城市、島嶼的相遇與喃喃自語。

作　　者　　陳亭仔
攝　　影　　陳亭仔
內文排版　　陳亭仔
封面設計　　陳亭仔
出 版 者　　陳亭仔
印　　刷　　基盛印刷工廠
代理經銷　　白象文化事業有限公司
　　　　　　401 台中市東區和平街 228 巷 44 號 (經銷部)
　　　　　　電話 : (04) 2220-8589　傳真 : (04) 2220-8505

2020 年 3 月 25 日　初版一刷

定價 新台幣 360 元
ISBN 978-957-43-7411-3